高等职业教育汽车类专业新型活页工作手册式系列教材

系列教材主编：戚文革　邹玉清

汽车维护与保养

曹　阳◎编著

中国铁道出版社有限公司
CHINA RAILWAY PUBLISHING HOUSE CO., LTD.

内 容 简 介

本书系为贯彻国务院印发的“职教 20 条”文件精神，落实“新型活页式、工作手册式”职业教育教材的类型要求而编写。它是依据学生中心、能力本位、成果导向等理论，充分考虑“1+X”证书要求，融专业教育、课程思政、创新教育于一体，充分体现职业教育是“学习如何工作的教育”的本质要求，面向学生学习，校企双元合作开发的新型活页式、工作手册式能力本位教材。

全书共分三个项目，包括维护保养汽车发动机、维护保养汽车底盘系统、维护保养汽车辅助系统。

书中配备视频、动画等电子资源二维码，并配套开发了教学工作页和助教课件等教学资源。

本书适合作为高等职业院校汽车类专业的教材，也可作为有关人员的岗位培训教材。

图书在版编目（CIP）数据

汽车维护与保养/曹阳编著 .—北京：中国铁道出版社有限公司，2022.2
高等职业教育汽车类专业新型活页工作手册式系列教材
ISBN 978-7-113-28933-1

Ⅰ.①汽… Ⅱ.①曹… Ⅲ.①汽车-车辆修理-高等职业教育-教材
②汽车 - 车辆保养 - 高等职业教育 - 教材 Ⅳ.① U472

中国版本图书馆 CIP 数据核字(2022)第037156号

书　　名： 汽车维护与保养
QICHE WEIHU YU BAOYANG
作　　者： 曹　阳

策　　划： 尹　鹏　何红艳　　**编辑部电话：**（010）63560043
责任编辑： 何红艳　彭立辉
封面设计： 刘　颖
责任校对： 孙　玫
责任印制： 樊启鹏

出版发行： 中国铁道出版社有限公司（100054，北京市西城区右安门西街 8 号）
网　　址： http://www.tdpress.com/51eds/
印　　刷： 北京联兴盛业印刷股份有限公司
版　　次： 2022 年 2 月第 1 版　2022 年 2 月第 1 次印刷
开　　本： 787 mm×1 092 mm　1/16　**印张：** 9.5　**字数：** 243 千
书　　号： ISBN 978-7-113-28933-1
定　　价： 48.00 元

编审委员会

作者简介

曹阳，吉林电子信息职业技术学院汽车工程学院教学秘书，汽车维修工国家职业技能鉴定考评员，曾就职于长春市朝阳试验仪器有限公司产品开发部工程师；主要教授汽车维护与保养、机械制图、计算机制图CAD、汽车零部件识图、汽车零部件识图综合实训、汽车发动机机械、汽车发动机电控相关课程及汽车发动机机械故障诊断与维修等专业课；主持科研课题三项，发表省级论文六篇，参与编写汽车类教材九部；指导学生参加吉林省高职院校职业技能大赛，获得一等奖一次，二等奖四次，三等奖三次。

序

自从2019年国务院发布的《国家职业教育改革实施方案》提出“倡导使用新型活页式、工作手册式教材”之后，教材建设就成为职业教育改革的热词，2020年国家教材建设奖的设立极大地提升了教材的地位，更是将教材建设推到了职业教育改革的浪尖潮头。

教材里有什么？

这是必须明确的一件事。

是不是知识本位教材里有知识而能力本位教材里有能力呢？答案是明确的，无论知识本位教材还是能力本位教材，教材里都只有知识。

区别何在？

知识本位教材是将学科知识从命题概念出发，在空间上按照演绎逻辑进行组织、呈现的。

能力本位教材是将工作知识从具体事物出发，在时间上按照归纳逻辑进行组织、呈现的。

知识本位教材的功能是培养学生演绎推理能力，目的是发现更多知识，探索未知领域。

能力本位教材的功能是培养学生归纳推理能力，目的是处理具体事务，解决现实问题。

这是一个大概的区分，但这是一个直指本源的区分，这一内在逻辑的区别决定了职业教育与普通教育教材类型的基因差异。

职业教育教材应该“长什么样，内容如何呈现，具备什么功能”，是由职业教育类型属性决定的，职业教育就是“学习如何工作的教育”，那么教材就应该呈现“工作原貌”，只有将“工作原貌”呈现出来，才能够实现学习“如何工作”的目的。抓住了这一根本性的问题，就能将职业教育教材与普通教育教材彻底区别开来。

怎样呈现“工作原貌”呢？

任何一项工作都是由六个要素构成的，即工作对象、工作内容、工作手段、工作组织、工作产品和工作环境。

工作六要素所对应的知识，即工作对象知识、工作内容知识、工作手段知识、工作组织知识、工作产品知识和工作环境知识。

对于一项工作，如果将工作六要素知识寻找并罗列出来，合辑成册，是不是可以看作是职业教育的教材呢？

按照教材里只有“知识”和职业教育就是“学习如何工作的教育”这两条标准判断，显然这一合辑成册的书无疑就是职业教育的教材。

继续深入分析，工作六要素知识两种有价值的排列方式，一种是并列排列，将六要素知识平铺在纸上就可以了，这是工作六要素知识的静态呈现——这种排列方式并不鲜见，如常见的机械设计手册等。

如果将工作六要素里的工作内容知识按照其在工作中出现的时间顺序排列就会发现，这构成了一项具体工作的职业行动体系，其他五个工作要素知识构成了支撑这个职业行动得以进行下去的职业知识，按照这一逻辑，我们发现工作六要素知识可以如图1排列，这样排列的好处就是将工作要素知识的内在联系通过职业行动建立起来了，使工作六要素动态呈现出来，不仅能够更好地表达了“工作原貌”，更是表达了“工作逻辑”，使学习者更易理解“工作本身”以及实现学习“如何工作”这一目的。

职业行动 = 工作内容知识序化	职业知识 = 其余工作五要素知识
1	工作对象知识 工作手段知识 工作组织知识 工作产品知识 工作环境知识
2	
⋮	
n	

图1　工作六要素知识时序逻辑

仅此还是不够的，职业教育教材不仅要呈现工作要素知识，表达“工作逻辑”，还要服务于学生学习这一根本要求，因此，职业教育教材必须按照认知规律和职业成长规律选取和呈现工作要素知识。

认知规律通常表述为从“从低级到高级，从简单到复杂”，什么是“低级和高级”“简单和复杂”呢？布鲁姆的教育目标分类是我们可以依据的一个科学原理。

本耐、德莱福斯、劳耐尔对职业能力成长规律的研究成果得到了普遍的认同，从初学者/新手—生手—熟手—能手—专家/高手的职业能力成长的过程中，使我们得以窥见职业教育与普通教育互为起点与终点的正好相反的学习过程。

综上所述，工作要素知识以静态或者动态方式按照认知规律、职业成长规律排列，构成职业教育教材的知识种类与排列的基本的序化逻辑。

本系列教材是以工作要素知识的动态形式，按照认知规律和职业成长规律选取工作内容来组织、呈现工作原貌的。

教材以活页装订、留白处理、多元目录索引、职业行动与职业知识左右对应排版、知识表格化处理，全书用色块区分不同内容等手段，表达重点清晰醒目，并配以二维码视频动画资源，极大地方便了检索查阅，充分体现自主学习功能和手册性质。

同时，以标语彰显、主题镶嵌和星火相融三种方式将创新教育以及课程思政融于专业教育始终，使教材具备了“专业、创新、思政”三育融合的内容与功能。

采用镶嵌、替换方式将“1+X”融入相关内容之中，满足职业技能等级鉴考评定需求。每一个学习项目设置一个迁移性学习考核项目，满足了学分银行学习成果认证需要。

吉林电子信息职业技术学院在汽车专业群、机械专业群、冶金专业群系统开展的提高育人有效性的教学改革中，从2016年开始尝试“活页式、工作手册式”教材编写与教学实践，取得了良好效果。

是为序。

戚文革

2021年8月20日

前　言

职业教育教材建设进入了新时代。2019年国务院颁布的《国家职业教育改革实施方案》（简称“职教20条”）开篇就明确了职教与普教的区别，教材如何体现？更是第一次以国家文件的高度对教材形式提出了具体要求。第九条“……建设一大批校企‘双元’合作开发的国家规划教材，倡导使用新型活页式、工作手册式教材并配套开发信息化资源。”这背后的逻辑是什么？职业教育教材建设必须思考：新型活页式、工作手册式教材的内涵是什么？职业教育教材如何体现“新型”“活页式”“工作手册式”三个关键要素？“新型活页式、工作手册式”教材须具备什么样的功能？

本书着重把握新型活页式、工作手册式教材的深刻内涵和承载的功能，遵循能力本位、学生中心、成果导向等职业教育基本规律，将专业教育、创新教育、课程思政以及“1+X”融为一体，教材功能指向职业能力培养，充分体现职业教育类型特征。

职业教育是“学习如何工作的教育”。因此，本书将完整展现职业行动的工作原貌作为第一原则，将工作内容序化为职业活动，构成职业行动体系，辅以支撑职业行动的职业知识。为了清晰表达工作原貌，在具体版面设计上，横版编辑，一页纸分为左右对称两部分，左侧为职业行动，右侧为支撑职业活动得以开展的职业知识。

具体表现：页面左侧为序化的职业行动——作业准备、拆卸、检修、安装，形成职业行动体系，作为教材结构逻辑；页面右侧为支撑职业行动的技术标准、规范、要求、原则、方法、原理等理论知识、技术理论知识、技术实践知识以及经验性知识，其中以技术实践知识为主，并进行表格化处理以方便查阅，体现手册式特征。

全书共分三个项目，包括维护保养汽车发动机、维护保养汽车底盘系统、维护保养汽车辅助系统。书中配备视频、动画等电子资源二维码，并配套开发了教学工作页和助教课件等教学资源。

每个项目包含四部分内容：第一部分是项目概述，包括项目描述、项目要求、学习目标和学习载体；第二部分是项目实施，包括职业行动、职业知识和任务测评；第三部分是学习考评，包括考评项目、实施准备、验证方法与标准；第四部分是课程思政，包括页脚标语、拓展阅读。

本书编写紧紧围绕新型活页式、工作手册式教材本质特征，使其具备如下特点：

1. 体现能力本位功能，突出职业能力培养

将项目或任务的工作内容序化为完整的工作过程，建立工作六要素（对象、内容、手段、组织、产品、环境）之间的内在联系，展示工作原貌，在完成职业活动过程中不断积淀职业能力。

2. 体现学生中心思想，以方便学生学习为第一原则

活页装订方便学生增添新知识、新技能以及学习心得，页面留白处理方便学生学习记录，多元目录索引方便学生学习查阅。

3. 体现成果导向思想，满足学分银行认证要求

“职教 20 条”第八条指出，要“加快推进职业教育国家‘学分银行’建设，探索建立职业教育个人学习账号，实现学习成果可追溯、可查询、可转换。”学习成果认定是学分银行实施的基础，为此，本书每一个项目最后，都设计了一个学习考评方案，供师生参考选择。

4. 适应“1+X”证书制度，内容选取参考职业技能等级标准

在“1”的基础上，针对职业要求进行拓展和补充，将汽车职业技能等级标准有关内容及要求有机融入教材中，实现课证融通。

5. 体现“专业 + 思政 + 创新”时代要求，实现三育融合

本书每个项目的页眉页脚采用蕴含思政元素和创新元素的标语式语句，寓教于警示励志语言——标语彰显式。本书选定一个思政（长城品牌汽车的自主发展）和创新主题，按照主题选取编辑若干个故事，寓教于故事中——主题镶嵌式。每个任务拓展训练中紧密结合任务内容将思政元素和创新元素融入其中，寓教于水乳交融中——星火相融式，专业教育中突出“人的底色”与创新素质培养。

6. 辅以信息化数字资源，教材内容立体呈现

本书配套开发设计了教学工作页、教学课件、任务工单、习题作业及大量的媒体素材等资源，方便师生学习查阅。

7. 图文并茂，职业知识表格化处理，突出“手册式”功能

本书编写时选用了大量图例，文字力求简练、通俗，内容简明扼要，职业知识表格化处理，易于快速查阅，通俗易懂。

8. 校企双元合作开发，充分融入职业要素

本书由吉林电子信息职业技术学院曹阳编著。天津市汽车维修检测行业协会会长、天津汽车在线电控技术重点实验室主任、高级工程师、汽车维修高级技师、中国汽车工程学会理事、汽车诊断资深工程师、交通运输部职业技能考评专家委员会委员、全国汽车维修标准化技术委员会兼副秘书长、交通职业教育教学指导委员会汽车专职委委员、中国职教学会教工委高职汽车研究会执行委员王征提供了部分案例和技术支持，实现校企双元合作开发。

为本书审稿的是大连尊荣捷路汽车销售服务有限公司店面车间主管韩思栋和北京京顺路捷汽车服务有限公司售后服务经理徐广磊。参加审稿的各位老师对全书进行了认真细致的审阅，并提出了宝贵的意见和建议，在此表示衷心的感谢！

由于时间仓促，编著者水平有限，书中难免存在疏漏与不妥之处，恳请读者批评指正。

编著者

2021 年 10 月

目　录

视频 / 动画目录

项目一　维护保养汽车发动机

一、项目描述

完成 2007 款卡罗拉 1.6 L/AT 轿车 1ZR-FE 发动机保养作业。

二、项目要求

按照 2007 款卡罗拉轿车 1ZR-FE 发动机技术要求与标准，正确使用工具，完成如下保养作业：

（1）更换发动机机油及机油滤清器。
（2）更换燃油滤清器。
（3）更换空气滤清器。
（4）清洗节气门及进气道。
（5）更换火花塞。
（6）更换发动机冷却液。
（7）更换发动机多楔带。

三、学习目标

（1）能够准确地复述发动机机油、机油滤清器、汽油滤清器、空气滤清器、火花塞、冷却液、多楔带的更换方法。
（2）能够准确地复述节气门及进气道的清洗方法及清洗的必要性。
（3）能够规范地对发动机机油及机油滤清器进行更换作业。
（4）能够规范地对汽油滤清器进行更换作业。
（5）能够规范地对空气滤清器进行更换作业。
（6）能够规范地对节气门及进气道进行清洗作业。
（7）能够规范地对火花塞进行更换作业。
（8）能够规范地对发动机冷却液进行更换作业。
（9）能够规范地对发动机多楔带进行更换作业。
（10）能够养成自觉遵守技术标准、安全、环保、5S［整理（Seiri）、整顿（Seiton）、清扫（Seiso）、清洁（Seiketsu）、素养（Shitsuke）］作业的好习惯。

四、学习载体

现有一辆行驶里程达到 80 000 km 的 2007 款卡罗拉 1.6 L/AT 轿车来到了服务站，售后服务顾问依据保养手册告知车主该车本次保养需更换发动机机油、机油滤清器、汽油滤清器、空气滤清器、火花塞、冷却液、多楔带，并建议清洗节气门及进气道。

经与车主交谈后确认，本次保养内容为更换发动机机油、机油滤清器、汽油滤清器、空气滤清器、火花塞、冷却液、多楔带，并清洗节气门及进气道。

学习笔记

学习笔记

任务一　更换发动机机油及机油滤清器

职业行动

步骤一：作业准备

1. 作业场地

选择带有消防设施且通风条件良好的作业场地。

2. 设备设施

2007 款卡罗拉 1.6 L/AT 轿车（1ZR-FE 发动机）、发动机台架、举升机、工具车、零件车、压缩空气、车内四件套、翼子板布、前格栅布、垃圾桶。

3. 工量辅具（见表 1-1-1）

表 1-1-1　更换发动机机油及机油滤清器工量辅具

套筒扳手组合套具	预置式扭力扳手	机油滤清器扳手	接油、抽油机
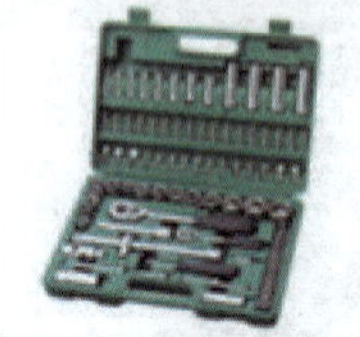	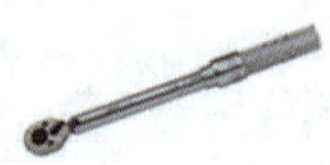		

4. 耗材（见表 1-1-2）

表 1-1-2　更换发动机机油及机油滤清器所需耗材

机油	机油滤清器	密封垫片	清洁布	防护手套

职业知识

润滑系统组成与功用

组成

功用	保证车辆正常运转、减小运转阻力、降低温度、减少磨损

发动机机油

作用	润滑功能、清洁功能、密封功能、防锈功能、冷却功能
更换必要性	• 发动机机油使用后会变质，启封后长期存放也会变质。 • 发动机机油去除了发动机中的污垢和油污，会变脏，然后发黑。如果不更换发动机机油，发动机的使用性能会下降，情况严重时会使发动机磨损，甚至需要大修

视频

1-1 车辆消防安全认识

为中华之崛起而读书。

步骤二：举升车辆

举升机操作前准备：

（1）检查车辆停放位置是否到位，如不到位需要重新调整。

（2）举升前确认发动机舱盖打开，机油加注口盖拧开，确认支撑垫块与车辆支撑位置对好，车辆中心对正无偏斜、车辆无负重、车辆四周无人员。

（3）按下举升机按钮，将车辆举升至较高位置，并确认锁止可靠。

步骤三：检查、排放发动机机油及更换机油滤清器

1. 检查发动机机油是否有泄漏

（1）穿工装，戴防护手套，安装车内四件套，铺设翼子板布、前格栅布。

（2）使用干净的清洁布擦拭发动机各部位的配合表面，检查是否漏油。

（3）使用干净的清洁布擦拭油封，检查是否漏油。

（4）使用干净的清洁布擦拭油底壳放油螺塞，检查是否漏油。

2. 排放发动机机油

（1）将机油收集桶推到发动机油底壳放油螺塞正下方，如图1-1-1所示。

图 1-1-1　放置机油收集桶

（2）按照维修手册规定，选用15 mm 套筒、棘轮扳手，将放油螺塞拧松，如图 1-1-2 所示。

（3）拧松后，用手压紧放油螺塞，缓慢将放油螺塞旋到螺纹口处，再迅速取下，开始排放机油，如图 1-1-3 所示。

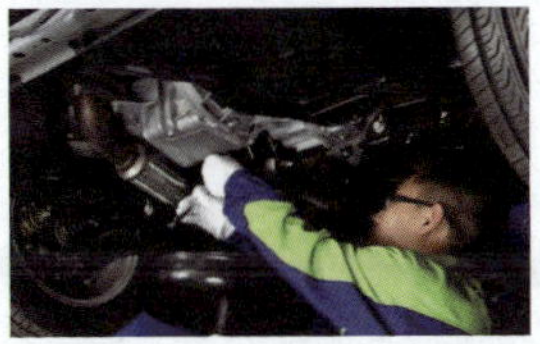

图 1-1-2　拧松放油螺塞

图 1-1-3　快速取下放油螺塞

举升机分类

柱式举升机	单柱式举升机	双柱式举升机	四柱式举升机

剪式举升机	大剪式举升机	小剪式举升机	

机油种类

机油种类	主要成分	公里数 /km	时间 / 年
矿物质机油	普通矿物基础油 + 添加剂	5 000	0.5
半合成机油	普通矿物基础油合成矿物油 + 添加剂	7 000	0.5
全合成机油	合成矿物基础油 + 添加剂	10 000	1

废机油危害

腐蚀性	废机油具有腐蚀性，更换发动机机油时，必须穿工装和戴防护手套
排放污染	废机油不能直接排放，需要经环保部门认证的机构进行回收，集中处理

学习笔记

视频　1-2 检查发动机液位

视频　1-3 举升机操作规程

学习笔记

（4）选用机油滤清器专用工具配合棘轮及加长杆拧松机油滤清器，如图 1-1-4 所示。

（5）松动后取下专用工具及棘轮扳手。

（6）用手将机油滤清器旋出来，放置在专用的环保桶里面。

（7）机油排放完毕后，检查放油螺塞有无裂纹、磨损等。

（8）更换放油螺塞密封垫。

（9）以 37 N · m 的力矩拧紧放油螺塞。

3. 更换机油滤清器

（1）检查并清洁机油滤清器底座，用干净的清洁布擦除机油滤清器底座上的油污，如图 1-1-5 所示。

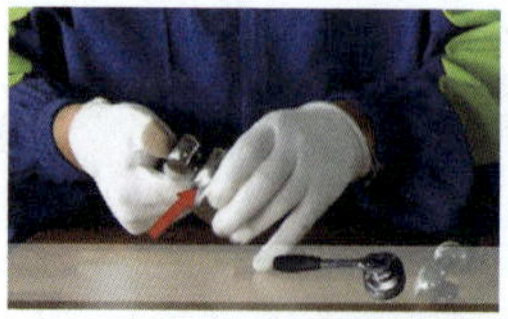

图 1-1-4　机油滤清器专用工具

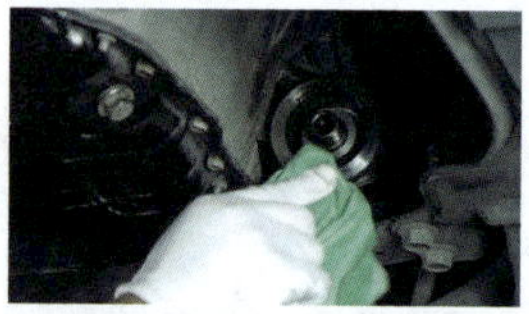

图 1-1-5　擦拭机油滤清器底座

（2）取来同一型号新的机油滤清器和机油，检查 O 形密封圈是否有损伤、变形，并在新机油滤清器的密封垫上涂抹一层干净的机油，如图 1-1-6 所示。

（3）用手将新的机油滤清器轻轻地旋入，直到密封垫开始接触机油滤清器底座，如图 1-1-7 所示。

图 1-1-6　在密封垫上涂抹机油

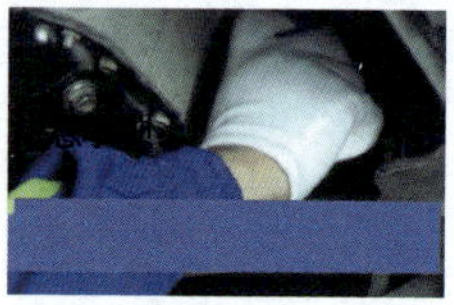

图 1-1-7　用手旋紧机油滤清器

（4）选用机油滤清器专用工具，配合扭力扳手及加长杆，以 18 N • m 的力矩紧固机油滤清器。

视频

1-4 更换机油滤清器

工具

名称	棘轮扳手	预置式扭力扳手
图样	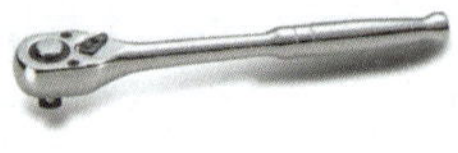	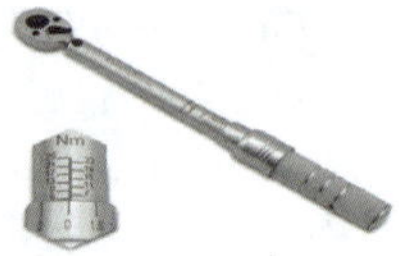
用途	结合套筒使用，是拆卸螺栓最方便、灵活且安全的工具	紧固螺栓，并施加设置的扭力值

机油滤清器

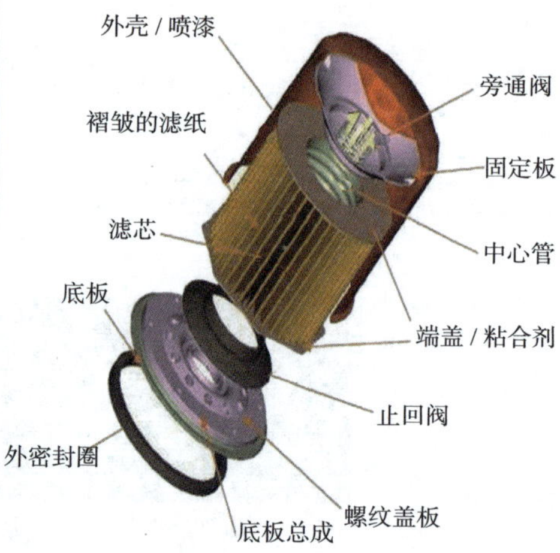

- 作用：发动机机油滤清器能够清除机油中的积碳、油污和磨损下来的金属颗粒。
- 更换必要性：不按时更换会出现滤清器阻塞，机油滤清器上的释放阀会因压力升高而开启，机油就不能流过滤清器进行过滤而从旁通阀流入润滑系统。还会将脏的机油直接送入发动机润滑系统，严重影响发动机性能和使用寿命。
- 更换周期：发动机机油滤清器与发动机机油需要同时更换

学习笔记

（5）选用干净的清洁布擦除机油滤清器安装位置处的油污，如图 1-1-8 所示。

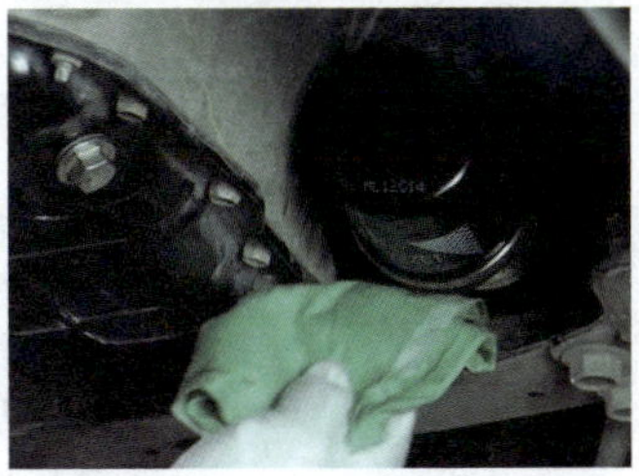

图 1-1-8　擦除安装位置处的油污

4. 归放收集桶

将机油收集桶归放到指定位置。

5. 下降车辆

（1）检查并确保车辆四周无人员和障碍物。

（2）先举升车辆，然后脱开立柱两侧保险，再按下举升机下降按钮将车辆降至适合加注机油的高度。

6. 加注新机油

（1）使用干净的清洁布擦拭机油加注口四周。

（2）根据维修手册标准，缓慢倒入适量新机油，如图 1-1-9 所示。

（3）起动发动机，运转 2 min 后熄火并静置一段时间。

（4）抽出机油尺，用干净的抹布擦拭机油尺。

（5）将擦拭干净的机油尺放回安装位置，并再次抽出。

（6）检查机油尺液位。如果未达到标准范围需要补充加入机油，并再次检查机油尺液位，直至机油液位符合标准，如图 1-1-10 所示。

图 1-1-9　加注新机油

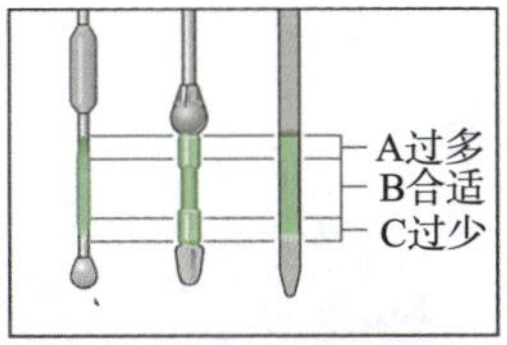

图 1-1-10　机油尺刻度图

机油尺		
用途	测量机油静态液面高度，从而反映出发动机机油存量是否在合理范围	
使用说明	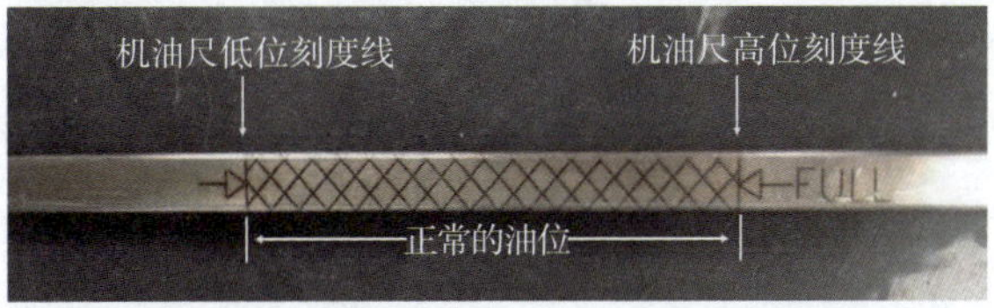	
使用要求	使用前应先擦拭干净	垂直读取液位高度，严禁倒立
	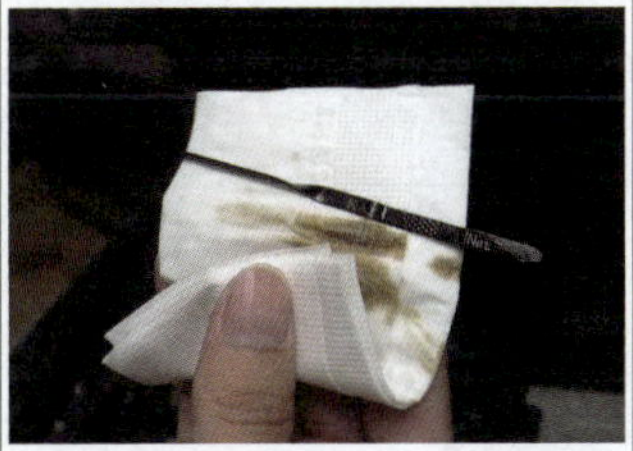	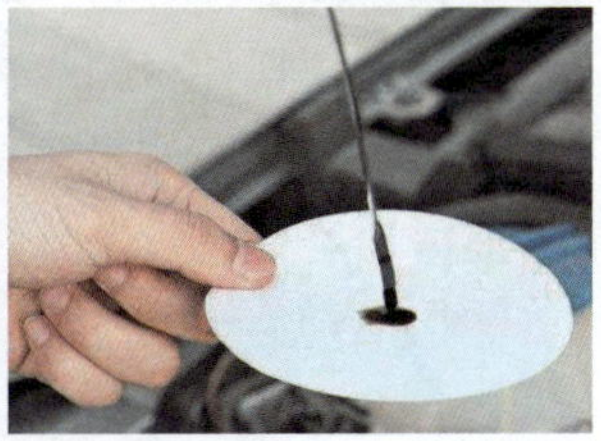
	读取液位高度后再次擦拭	插回至机油尺插槽内
	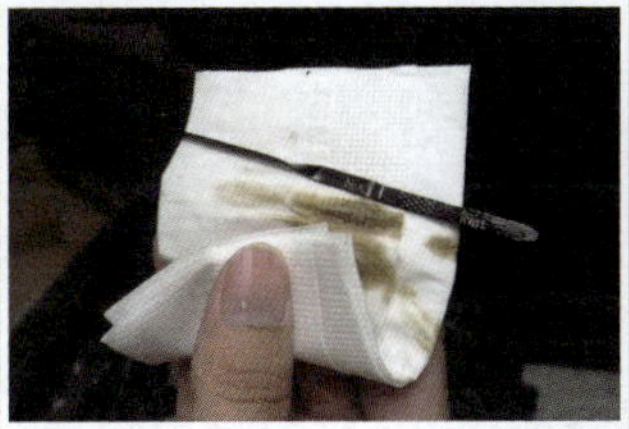	

学习笔记

步骤四：最后检查

（1）再次举升车辆，检查机油滤清器安装位置，确认没有泄漏。

（2）降下车辆，旋紧机油加注口盖。

（3）将举升机支臂归位。

（4）用压缩空气清理发动机舱。

（5）关闭发动机舱。

步骤五：整理工位

（1）将更换耗材的包装回收至指定位置。

（2）将更换下来的旧件集中放置在指定位置，以便向顾客展示。根据相关法规处理旧机油和机油滤清器。

（3）整理并清洁工具。

（4）整理并清洁场地。

（5）车间现场 5S 管理。

车间 5S 管理

内容	英文	含义
整理	SEIRI	先将工作场所所有物品区分为有必要的和不必要的，然后把必要的东西与不必要的东西明确地、严格地区分开，最后将不必要的物品尽快处理掉
整顿	SEITON	整顿是整理的更进一步，对整理之后留在现场的必需品分门别类后整齐地放置在指定位置，以便能快速度取得所要之物，并明确物品数量，进行有效标识
清扫	SEISO	将工作场所清扫干净，保持工作场所干净、亮丽
清洁	SEIKETSU	将上面整理、整顿、清扫三项内容的做法制度化、规范化
素养	SHITSUKE	通过员工培训等形式，提高员工文明礼貌等素质，增强员工团队精神和意识，培养员工按规定行事的良好工作习惯

视频

1-5 车间安全生产标识

为中华之崛起而读书。

学习笔记

任务测评

一、知识测评

确定本任务的关键词，按重要程度进行关键词排序并举例解读，然后根据自己对重要信息捕捉、排序、表达、创新和划分权重的能力进行自评，满分 100 分，见表 1-1-3。

表 1-1-3　更换发动机机油及机油滤清器知识测评表

序号	关键词	举例解读	评分自定
1			
2			
3			
4			
5			
总分			

二、能力测评

对表 1-1-4 所列作业内容，操作规范即得分，操作错误或未操作即零分。

表 1-1-4　更换发动机机油及机油滤清器能力测评表

序号	能力点	配分	得分
1	使用举升机升降车辆	20	
2	排放发动机机油	30	
3	更换机油滤清器	30	
4	添加发动机机油	20	
总分		100	

三、素养测评

对表 1-1-5 所列素养点，做到即得分，未做到即零分。

表 1-1-5　更换发动机机油及机油滤清器素养测评表

序号	素养点	配分	得分
1	设备和工具安全检查	20	
2	车辆安全防护	20	
3	工具清洁、校准、存放	20	
4	工量辅具、零部件、油水液体“三不落地”	20	
5	工位 5S	20	
总分		100	

四、拓展训练

（1）请列举出长期不更换发动机机油易出现哪些现象，分析产生问题的原因并制定解决问题的措施。（满分 25 分）

（2）现发现，更换发动机机油一段时间之后，机油压力灯点亮报警，初步判断为润滑系统堵塞。试制定检修流程并进行检修。（满分 25 分）

（3）请按下列思维导图格式（见图 1-1-11），对更换发动机机油及机油滤清器的学习收获进行总结。（满分 50 分）

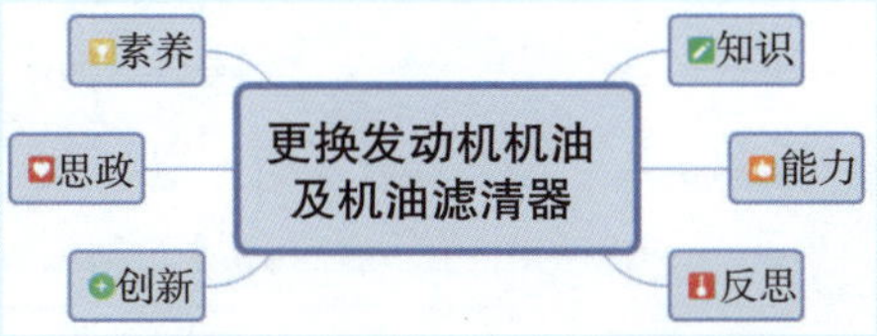

图 1-1-11　更换发动机机油及机油滤清器思维导图

学习笔记

任务二　更换燃油滤清器

职业行动

步骤一：作业准备

1. 作业场地

选择带有消防设施且通风条件良好的作业场地。

2. 设备设施

2007 款卡罗拉 1.6 L/AT 轿车（1ZR-FE 发动机）、发动机台架、举升机、工具车、零件车、压缩空气、车内四件套、翼子板布、前格栅布、垃圾桶。

3. 工量辅具（见表 1-2-1）

表 1-2-1　更换燃油滤清器工量辅具

套筒扳手组合套具	一字螺丝刀	十字螺丝刀

4. 耗材（见表 1-2-2）

表 1-2-2　更换燃油滤清器所需耗材

燃油滤清器	清洁布	防护手套
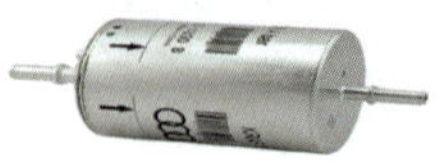		

职业知识

发动机燃油供给系统

组成	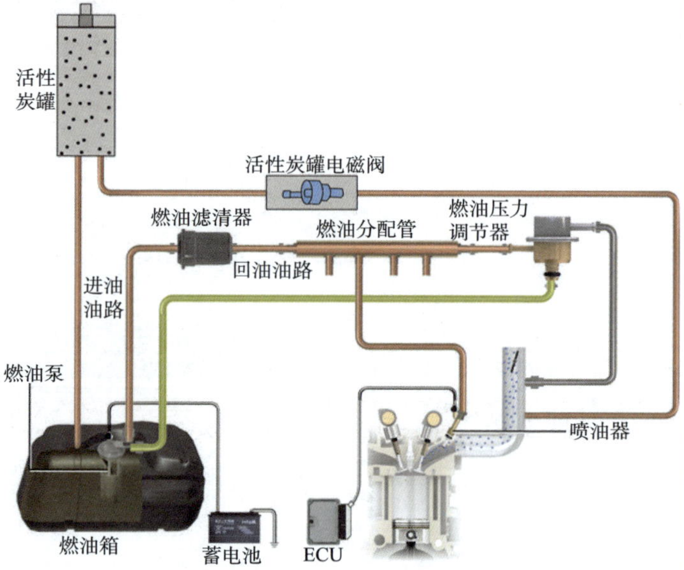
功能	根据发动机各种不同工况的要求，配制出一定数量和浓度的可燃混合气，供入气缸，使之在临近压缩终了时点火燃烧而膨胀做功

人要保健，车要保养。

步骤二：燃油系统卸压

（1）铺设四件套。

（2）打开车门进入驾驶室，开启发动机舱盖，拉起油箱盖释放拉杆。按下燃油加注盖，并逆时针旋出燃油加注盖，进行燃油系统卸压。

（3）打开熔断器盒盖。按照盒盖内的熔断器位置示意图找出并使用熔断器拔取夹拔下燃油泵熔断器，如图 1-2-1 所示。亦可直接从燃油泵总成上断开连接器。

图 1-2-1　拔下燃油泵熔断器

（4）检查并确认变速杆是否处于 P 挡或 N 挡位置。

（5）检查并确认驻车制动器是否处于制动状态。

（6）起动发动机，进行燃油系统卸压。当发动机运转到自动熄火后，将点火开关置于 OFF 挡位。

（7）再次起动发动机，确认发动机不能起动。

步骤三：拆卸燃油滤清器

（1）将点火开关处于 OFF 或 LOCK 位置。

（2）记录车辆相关信息（如收音机电台、密码、时钟等信息），记录车辆的相关学习值。

（3）根据维修手册，选用 10 mm 套筒和棘轮扳手拧松蓄电池负极电缆紧固螺母，取下蓄电池负极电缆并固定。

（4）根据举升机操作规范举升车辆。

（5）拆卸燃油滤清器紧固螺钉。选用十字螺丝刀，拆卸燃油滤清器卡夹紧固螺钉，如图 1-2-2 所示。

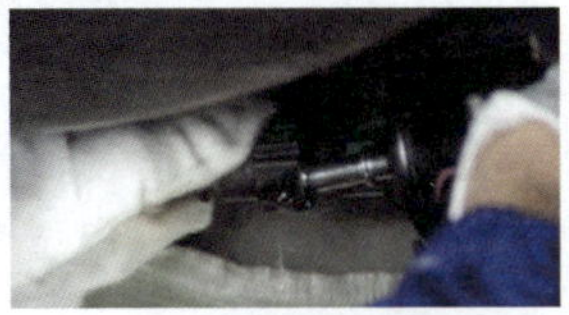

图 1-2-2　拆卸燃油滤清器

（6）断开燃油滤清器搭铁端子（部分车型）。

<table>
<tr><th colspan="8">熔断器</th></tr>
<tr><td>释义</td><td colspan="7">IEC127 标准将熔断器定义为“熔断体”</td></tr>
<tr><td>作用</td><td colspan="7">保护电路（线路）及用电设备</td></tr>
<tr><th colspan="8">插片式熔断器</th></tr>
<tr><td>作用</td><td colspan="7">当电路电流异常或超过额定电流 2 倍以上时熔断，起到电路保护作用</td></tr>
<tr><td>额定电流</td><td>3 A</td><td>5 A</td><td>7.5 A</td><td>10 A</td><td>15 A</td><td>20 A</td><td>25 A</td></tr>
<tr><td>外壳颜色</td><td>浅紫</td><td>黄褐</td><td>咖啡</td><td>红</td><td>蓝</td><td>黄</td><td>透明</td></tr>
<tr><td>规格</td><td>迷你</td><td>小号</td><td colspan="3">微型</td><td>中号</td><td>大号</td></tr>
<tr><th colspan="8">熔断器盒</th></tr>
<tr><td>作用</td><td colspan="7">集中布置每个电子设备的熔断器，便于更换与维护</td></tr>
<tr><td rowspan="2">位置</td><td colspan="4">外部熔断器盒</td><td colspan="3">内部熔断器盒</td></tr>
<tr><td colspan="4">位于发动机舱内，负责汽车外部电器的安全
</td><td colspan="3">位于转向盘左侧位置或杂物箱内，负责车内电器的正常工作
</td></tr>
</table>

学习笔记

视频

1-6 更换燃油滤清器

学习笔记

（7）用棉布擦净燃油滤清器进出油管接口处的污物，避免污物进入油管。

（8）按下进油管接头锁环按钮或旋松卡紧箍，拔出燃油滤清器进油管。

（9）按下出油管接头锁环按钮或旋松卡紧箍，拔出燃油滤清器出油管。

（10）从固定卡箍上取下燃油滤清器。

步骤四：安装燃油滤清器

（1）检查新的机油滤清器外观是否有损伤。

（2）在安装燃油滤清器前，更换新的进出油管连接处的 O 形密封圈。

（3）将新燃油滤清器两端油管的接头处涂抹一层燃油。

（4）将燃油滤清器安装到卡箍上，注意箭头方向必须指向出油管，如图 1-2-3 所示。

（5）连接进出油管，确保连接可靠。

（6）清洁燃油滤清器进出油管处的油污，并安装搭铁端子（部分车型）。

（7）安装燃油滤清器卡箍紧固螺钉，并降下车辆。

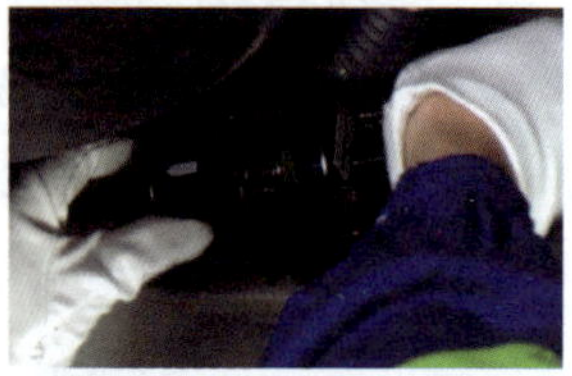

图 1-2-3　安装燃油滤清器

（8）根据维修手册，选用 10 mm 套筒和扭力扳手，连接蓄电池负极接线柱电缆（见图 1-2-4），并使用扭力扳手紧固蓄电池负极电缆紧固螺母至标准力矩。

图 1-2-4　拆连接蓄电池负极电缆

（9）恢复收音机电台、时钟的设置，重新匹配车辆相关学习值。

（10）起动发动机，检查是否有燃油泄漏，如果没有，则进行路面试跑，试跑后再次举升车辆，检查燃油滤清器的两端接头处是否有燃油泄漏。

视频

1-7 燃油滤清器的认识

燃油滤清器	
作用	清除燃油中的污物，如粉尘、铁锈等固体杂质，防止供油系统阻塞，减少机械磨损，提高发动机工作的可靠性
内部构造	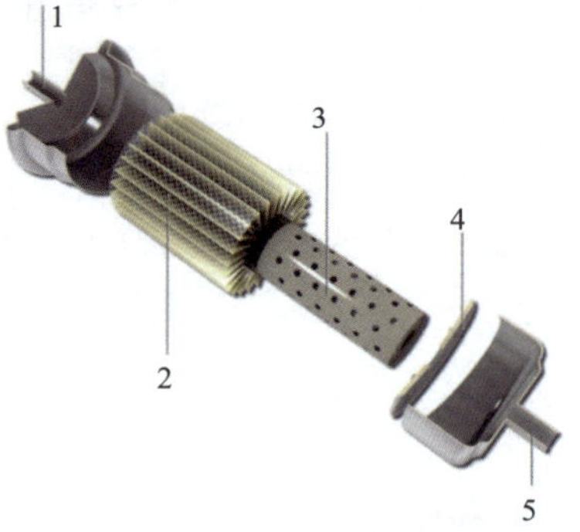 1—进油管；2—滤芯；3—内孔管；4—座圈；5—出油管
工作原理	来自油箱内带有杂质的汽油经过燃油滤清器，杂质被吸附在滤纸上，过滤后的纯净汽油流向发动机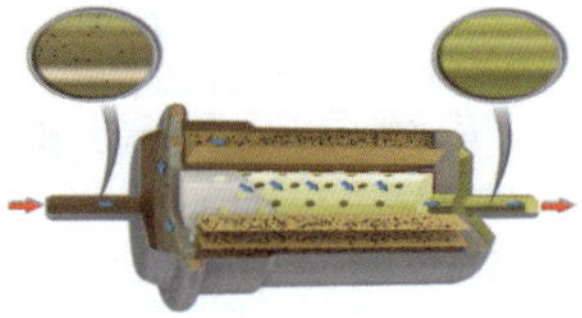
使用要求	• 外置式燃油滤清器外壳上一般标有指示汽油流向的箭头，在安装时箭头应朝向发动机一侧。错误安装会导致系统油压过低并损坏滤清器等部件。 • 最高可承受 500 kPa 压力
维护保养周期	• 汽车燃油滤清器一般在行驶 10 000 ～ 40 000 km 进行更换，最佳更换时机需要参考车辆使用手册上的说明； • 部分内置式燃油滤清器可以终身免维护

人要保健，车要保养。

步骤五：最后检查

（1）再次检查并确认燃油滤清器的安装是否符合维修标准。

（2）仔细检查全车所有维修部位。

（3）进行试车检查，确认各部件运转是否正常。

步骤六：整理工位

（1）将更换耗材的包装回收至指定位置。

（2）将更换下来的旧件集中放置在指定位置，以便向顾客展示。

（3）整理并清洁工具。

（4）整理并清洁场地。

（5）车间现场 5S 管理。

燃油滤清器分类

外置式		内置式
直进直出式	带回油管路式	集成油泵总成式
		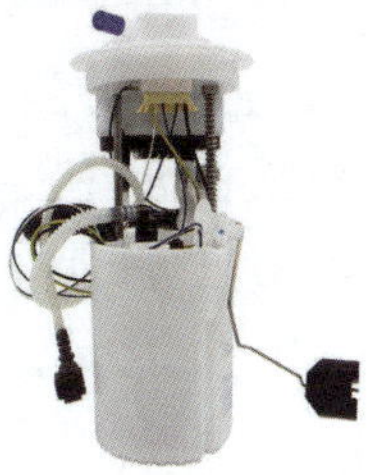

学习笔记

学习笔记

任务测评

一、知识测评

确定本任务的关键词，按重要程度进行关键词排序并举例解读，然后根据自己对重要信息捕捉、排序、表达、创新和划分权重的能力进行自评，满分 100 分，见表 1-2-3。

表 1-2-3　更换燃油滤清器知识测评表

序号	关键词	举例解读	评分自定
1			
2			
3			
4			
5			
总分			

二、能力测评

对表 1-2-4 所列作业内容，操作规范即得分，操作错误或未操作即零分。

表 1-2-4　更换燃油滤清器能力测评表

序号	能力点	配分	得分
1	燃油卸压	30	
2	拆卸燃油滤清器	20	
3	安装燃油滤清器	25	
4	检查燃油滤清器有无泄漏并清洁	25	
总分		100	

三、素养测评

对表 1-2-5 所列素养点，做到即得分，未做到即零分。

表 1-2-5　更换燃油滤清器素养测评表

序号	素养点	配分	得分
1	设备和工具安全检查	20	
2	车辆安全防护	20	
3	工具清洁、校准、存放	20	
4	工量辅具、零部件、油水液体“三不落地”	20	
5	工位 5S	20	
总分		100	

四、拓展训练

（1）请列举出在更换燃油滤清器过程中易出现的问题，分析产生问题的原因并制定解决问题的措施。（满分 25 分）

（2）更换燃油滤清器后，车辆出现起动困难和动力输出下降，初步判断为燃油滤清器存在问题。试制定检修流程并进行检修。（满分 25 分）

（3）请按下列思维导图格式（见图 1-2-5），对更换燃油滤清器的学习收获进行总结。（满分 50 分）

图 1-2-5　更换燃油滤清器思维导图

人要保健，车要保养。

学习笔记

任务三　更换空气滤清器

职业行动

步骤一：作业准备

1. 作业场地

选择带有消防设施且通风条件良好的作业场地。

2. 设备设施

2007 款卡罗拉 1.6 L/AT 轿车（1ZR-FE 发动机）、发动机台架、举升机、工具车、零件车、压缩空气、车内四件套、翼子板布、前格栅布、垃圾桶。

3. 工量辅具（见表 1-3-1）

表 1-3-1　更换空气滤清器工量辅具

套筒扳手组合套具	吹尘枪	一字螺丝刀
	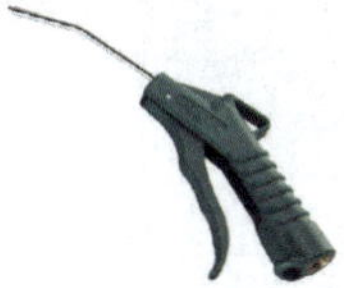	

4. 耗材（见表 1-3-2）

表 1-3-2　更换空气滤清器所需耗材

空气滤清器滤芯	清洁布	防护手套
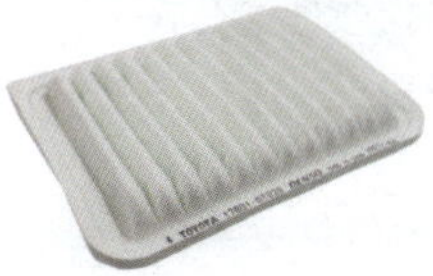		

职业知识

发动机进气系统

组成	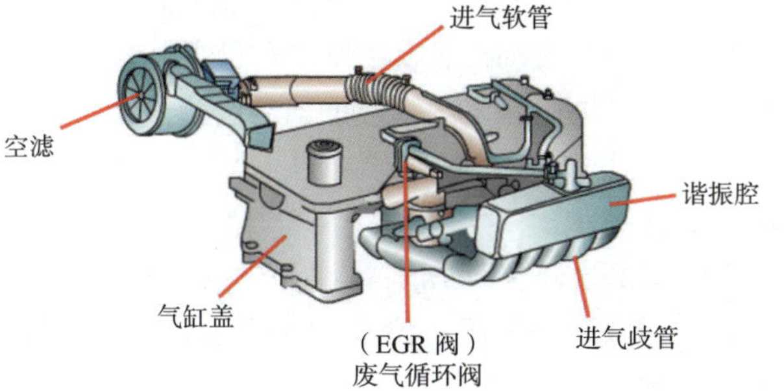
功用	为发动机输送清洁、干燥、充足而稳定的空气以满足发动机的需求，避免空气中杂质及大颗粒粉尘进入发动机燃烧室造成发动机异常磨损

发动机进气量测量方式

L 形	D 形
空气流量传感器检测进气量	进气歧管绝对压力传感器检测进气量

学习笔记

步骤二：拆卸空气滤清器

（1）在驾驶室中拉动发动机舱盖开关把柄，能听到“噔”一声，发动机盖随之轻微向上弹起。

（2）将手伸入发动机舱盖前端缝隙的中央位置，并寻找发动机舱盖辅助卡钩把手。

（3）向左侧释放辅助卡钩把手并提起发动机舱盖，将支撑杆插入槽内，以使发动机舱盖保持打开状态。

（4）依次提起发动机盖罩的前后两端，取下发动机盖罩。

（5）按下空气流量传感器插头锁舌，分离空气流量计连接器如图 1-3-1 所示。

（6）依次松开空气滤清器盖两个固定卡箍，如图 1-3-2 所示。

（7）将卡箍移除阻挡位置，将通风软管向外拔出，并将其移至适当位置。

（8）根据维修手册，选用 10 mm 套筒、接杆、棘轮扳手，正确使用工具松开进气软管与节气门体固定箍带螺栓。

（9）分离进气软管与节气门体的连接，然后取下空气滤清器盖。

（10）用专用罩或胶带将节气门进气口和气门室通风口封住。

（11）取出旧的空气滤清器滤芯。

图 1-3-1　分离空气流量计连接器

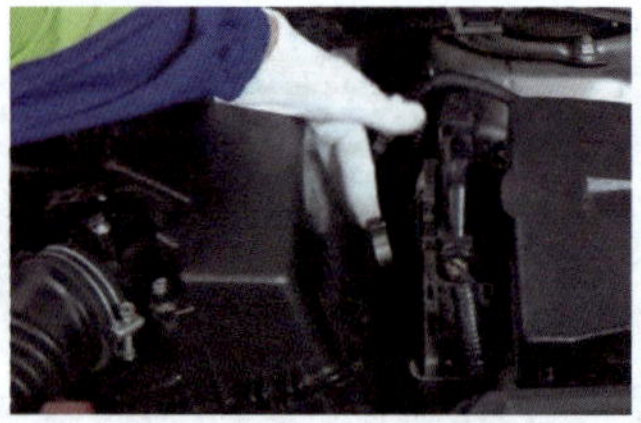

图 1-3-2　松开空气滤清器盖卡箍

发动机进气方式

<table>
<tr><td>自然吸气式</td><td>在不通过任何增压器的情况下，大气压将空气压入燃烧室的一种形式</td><td>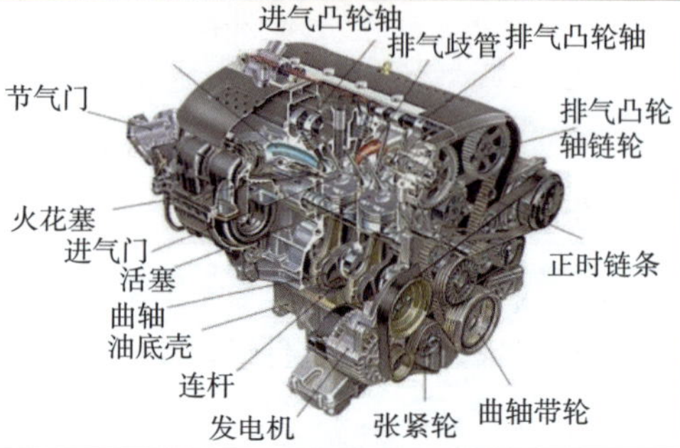
</td></tr>
<tr><td>涡轮增压式</td><td>利用发动机排出的废气惯性冲力来推动涡轮室内的涡轮，涡轮又带动同轴的叶轮，叶轮快速旋转并将更多的空气压进气缸以达到增加进气量的目的</td><td>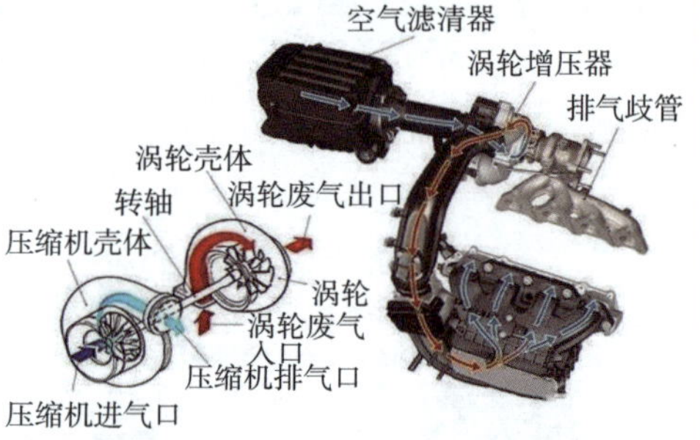
</td></tr>
<tr><td>机械增压式</td><td>利用传送带连接曲轴带轮，间接将曲轴运转的扭力带动增压器，达到增压目的</td><td>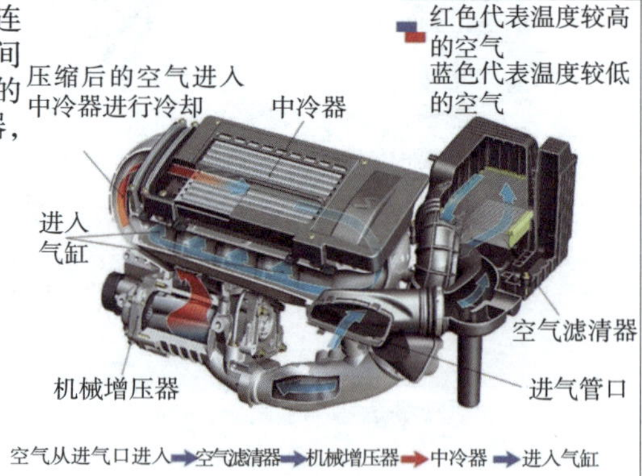
</td></tr>
</table>

学习笔记

步骤三：清洁空气滤清器

（1）选用干净的清洁布擦拭滤清器盖，然后使用吹气枪吹净滤清器盖。

（2）选用干净的清洁布擦拭下壳体内壁，并使用吹气枪吹净下壳体内壁。

步骤四：安装空气滤清器滤芯

（1）检查空气滤清器下壳体上的两个卡扣是否有变形或脱落，若有，应及时更换。

（2）检查进气软管是否有破损或老化，若进气软管有破损，应修复或更换。

（3）安装新的空气滤清器滤芯，安装时，将有标识的一面朝上放置，如图 1-3-3 所示。

（4）将空气滤清器盖与下壳体对正扣合。

（5）将进气软管与节气门位置对好并连接，确保连接到位。

（6）根据维修手册，选用 10 mm 套筒、接杆、棘轮扳手，正确使用工具拧紧进气软管与节气门体固定箍带螺栓。

（7）连接通风软管，将卡箍安装到正确的阻挡位置。

（8）把卡箍的浮动端搭在滤清器盖的凹槽内，依次按下卡箍，确保卡紧空气滤清器盖，如图 1-3-4 所示。

（9）插接空气流量传感器连接器，确保连接器锁止可靠。

（10）双手握住发动机盖罩并对准安装位置，对角依次按下盖罩前后端，确保安装可靠。

图 1-3-3　安装空气滤清器滤芯

图 1-3-4　扣合空气滤清器与下壳体

空气滤清器

<table>
<tr><td>组成</td><td colspan="3">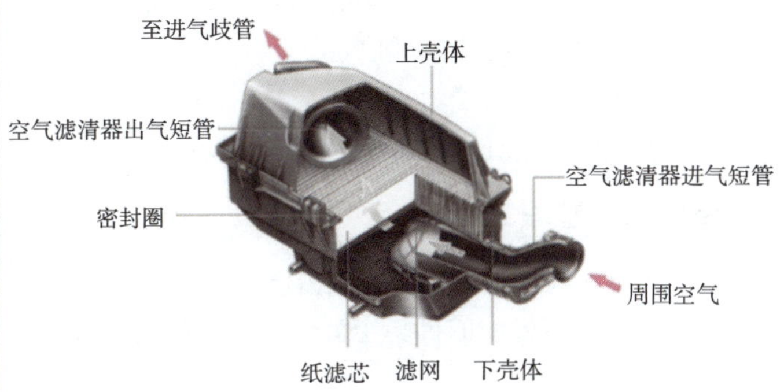
</td></tr>
<tr><td>功用</td><td colspan="3">• 滤去空气中的尘埃和杂质，降低气缸磨损，延长发动机寿命；
• 抑制内燃机的进气噪声；
• 改善燃油状况，减少尾气排放</td></tr>
<tr><td rowspan="2">种类</td><td>干式</td><td colspan="2">湿式</td></tr>
<tr><td>纸质干式空气滤清器</td><td colspan="2">• 油浸式空气滤清器；
• 油浴式空气滤清器</td></tr>
<tr><td rowspan="2">安装位置</td><td>发动机舱左侧</td><td>发动机舱右侧</td><td>发动机舱上方</td></tr>
<tr><td>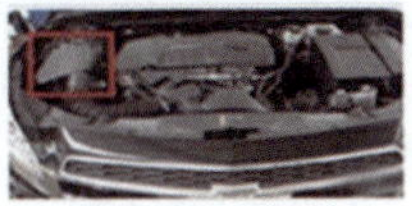</td><td></td><td></td></tr>
</table>

学习笔记

步骤五：检查

（1）再次检查并确认空气滤清器滤芯安装是否到位。

（2）仔细检查所有维修部位。

（3）关闭发动机舱盖。

（4）进行试车检查，确认各部件运转是否正常。

步骤六：整理工位

（1）将更换耗材的包装回收至指定位置。

（2）将更换下来的旧件集中放置在指定位置，以便于向顾客展示。

（3）整理并清洁工具。

（4）整理并清洁场地。

（5）车间现场 5S 管理。

空气滤清器滤芯

作用	过滤空气中的粉尘、轮胎磨损颗粒等	
结构形式	方格形	圆筒形

工作原理	空气进入滤清器时通过纸质滤芯过滤，使空气中的灰尘由滤芯隔除或黏附在滤芯上 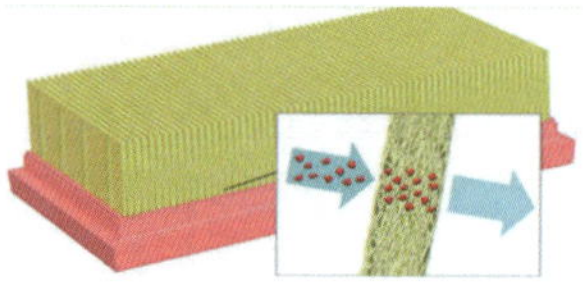 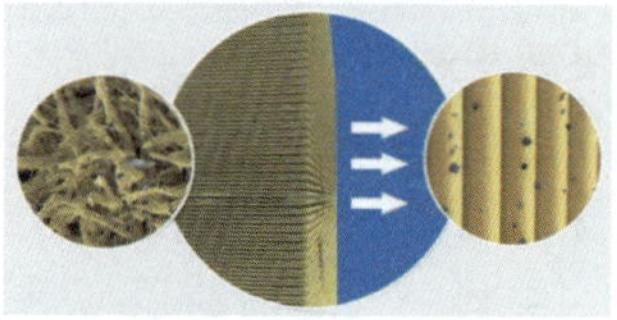	
使用要求	• 不可水洗空气滤清器滤芯； • 安装时，将有标识的一面朝上	
维护保养周期	• 理论更换周期一般在 10 000 ～ 15 000 km； • 具体更换周期受空气滤清器滤芯品质和使用环境影响	

学习笔记

任务测评

一、知识测评

确定本任务的关键词，按重要程度进行关键词排序并举例解读，然后根据自己对重要信息捕捉、排序、表达、创新和划分权重的能力进行自评，满分100分，见表1-3-3。

表1-3-3　更换空气滤清器知识测评表

序号	关键词	举例解读	评分自定
1			
2			
3			
4			
5			
总分			

二、能力测评

对表1-3-4所列作业内容，操作规范即得分，操作错误或未操作即零分。

表1-3-4　更换空气滤清器能力测评表

序号	能力点	配分	得分
1	拆卸空气滤清器	30	
2	清洁空气滤清器	10	
3	选用正确的空气滤清器滤芯	10	
4	更换空气滤清器滤芯	10	
5	安装空气滤清器	30	
6	检查空气滤清器安装到位	10	
总分		100	

三、素养测评

对1-3-5表所列素养点，做到即得分，未做到即零分。

表1-3-5　更换空气滤清器素养测评表

序号	素养点	配分	得分
1	设备和工具安全检查	20	
2	车辆安全防护	20	
3	工具清洁、校准、存放	20	
4	工量辅具、零部件、油水液体“三不落地”	20	
5	工位5S	20	
总分		100	

四、拓展训练

（1）请列举出在更换空气滤清器作业过程中易出现的问题，分析产生问题的原因并制定解决问题的措施。（满分25分）

（2）空气滤清器滤芯脏了用压缩空气吹一下可行吗？有哪些注意事项？（满分25分）

（3）请按下列思维导图格式（见图1-3-5），对更换空气滤清器的学习收获进行总结。（满分50分）

图1-3-5　更换空气滤清器思维导图

学习笔记

任务四　清洗节气门及进气道

职业行动

步骤一：作业准备

1. 作业场地

选择带有消防设施且通风条件良好的作业场地。

2. 设备设施

2007款卡罗拉1.6 L/AT轿车（1ZR-FE发动机）、发动机台架、举升机、工具车、零件车、压缩空气、车内四件套、翼子板布、前格栅布。

3. 工量辅具（见表1-4-1）

表1-4-1　清洗节气门及进气道工量辅具

套筒扳手组合套具	免拆清洗吊瓶	一字螺丝刀

4. 耗材（见表1-4-2）

表1-4-2　清洗节气门及进气道所需耗材

节气门进气道免拆清洗剂	清洁布	防护手套

职业知识

节气门

<table>
<tr><td>组成</td><td colspan="2">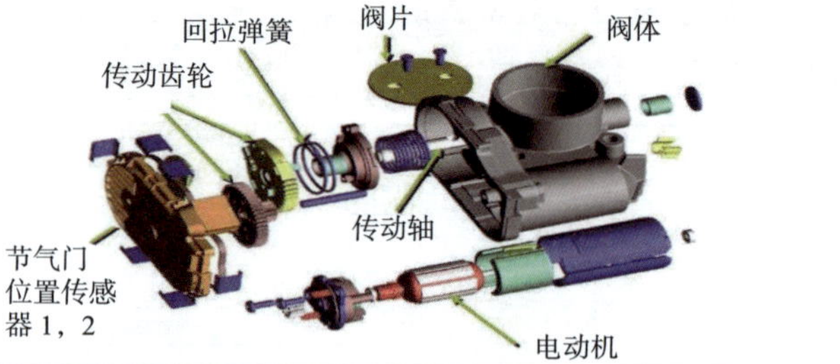</td></tr>
<tr><td>功用</td><td colspan="2">依据加速踏板踩下深度，由电动机调整阀片开启角度，控制进气量</td></tr>
<tr><td rowspan="2">分类</td><td>机械拉线式</td><td>直流伺服电动机式</td></tr>
<tr><td>加速踏板通过拉索控制节气门开启角度 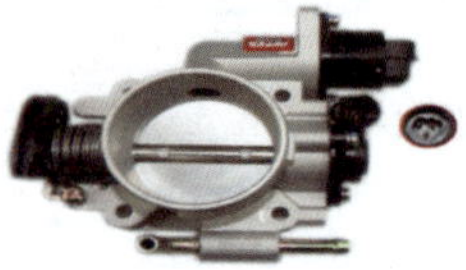</td><td>加速踏板通过传感器和电动机配合控制节气门开启角度 </td></tr>
<tr><td>维护保养周期</td><td colspan="2">• 节气门在车辆的使用过程中会黏附越来越多的积炭，如果不及时清理积碳，轻则导致发动机加速无力、抖动、油耗升高，重则车辆启动困难
• 节气门建议每隔20 000～40 000 km进行一次清洗。但每辆车的行驶环境不同，可依据计算机检测的节气门开度值是否超过原厂标准值或驾驶员驾驶体验决定提前或延后清洗</td></tr>
</table>

保养先行，防事故。

学习笔记

步骤二：车辆预热

（1）将车辆停到工位，接上尾排，打开发动机舱盖，铺上防护布，清理灰尘。检查发动机有无故障，若有故障通知服务顾问，先维修再进行清洗。

（2）检查车辆是否在正常工作温度，若温度不够先热车。

（3）车辆到达正常温度后，将点火开关置于 LOCK 位置。

（4）依次提起发动机盖罩前后两端，取下 2 号气缸盖罩。

步骤三：免拆清洗

（1）拆下发动机真空管。

（2）确认进气系统的清洗设备压力表归零，设备开关处于关闭位置。

（3）打开加液盖，将进气道免拆清洗剂倒入设备中，拧紧加液盖，并关闭泄压阀。

（4）将清洗设备挂在车上，将发动机真空管拆开，接上清洗设备输液头，接上气源，调整压力表到 4 bar（1 bar=100 kPa）。

（5）起动发动机，将设备开关打开，进行清洗，在发动机怠速运转中，即可将清洗剂慢慢吸入进气道中，清洗过程持续 30 ～ 50 min 为宜。

（6）关闭设备开关，拔掉气源、泄压，并确认压力表归零，取下设备，再将车辆熄火。

步骤四：检查

清洗完毕后，将真空管安装好。在盖上发动机盖子之前，检查发动机舱有无工具遗留，同时起动发动机确认发动机是否正常运转。全部正常后，盖上发动机盖。

进气管路	
进气管	进气管是指空气从进气口进入，通过空气滤清器，直到要进入各个气缸前的这一段管道，是发动机的主要进气管道，也是总的进气管道
进气歧管	进气歧管是指空气从进气管进入各个气缸，空气往各个气缸分配的一段通道，每个气缸有一个进气歧管。进气歧管的设计保证了各个气缸进气分配均匀合理
进气道	进气道是空气进入发动机机体，通向气缸的通道，主要由在气缸盖上设计的通道组成，进气道在最末端是进气阀，控制进气

可变进气歧管	
原理	• 可变进气歧管简称（Port De-Activation Valve，PDA），通过改变进气管的长度或截面积，提高燃烧效率，使发动机在低转速时更平稳、扭矩更充足，高转速时更顺畅、功率更强大 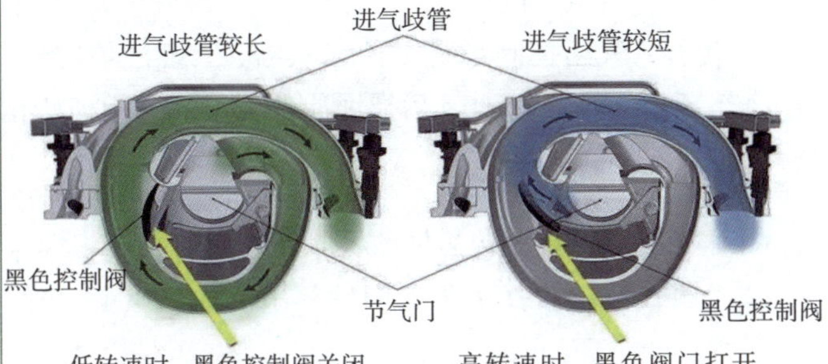

学习笔记

步骤五：初始化节气门

1. 方法一

（1）开钥匙第二挡，即仪表指示全亮的那一挡。

（2）等待 20 s 后，踩加速踏板到底。

（3）保持 10 s 左右后，松开加速踏板。

（4）关闭点火开关，拔出钥匙，初始化完成。

2. 方法二

（1）开钥匙第二挡，保持 30 s。

（2）关闭点火开关，拔出钥匙。注意，做完后要等待 15 ～ 20 s 再打火。

（3）打火，查看加油是否正常，发动机故障灯是否熄灭。如果不成功，再重复前面的步骤。

3. 方法三

将电子节气门控制系统（10 A）与电子燃油喷射器（20 A）的两个熔断器拔掉，过 30 s 后插回原位置，节气门初始化完成。

步骤六：整理工位

（1）将更换耗材的包装回收至指定位置。

（2）将使用或更换下来的旧件集中放置在指定位置，以便向顾客展示。

（3）整理并清洁工具。

（4）整理并清洁场地。

（5）车间现场 5S 管理。

可变气门正时

原理	• 可变气门正时技术（Variable Valve Timing，VVT），又称可变配气正时。可根据发动机的运行情况，调整进气（排气）的量，以及气门开合的时间、角度等，使进入气缸的空气量达到最佳，提高燃烧效率
作用	• 可变气门正时技术可提高低速时的扭矩和提高高速时的功率，在改善燃油经济性和怠速稳定性的基础上还可以减少 NO*x* 和 HC 的排放
名称	• 奥迪：AVS。 • 吉利：CVVT、D-CVVT。 • 日产：CVTCS、VVEL、NVCS、CVTC、eVTC。 • 本田：VTEC 和 i-VTEC、VTEC-E。 • 丰田：VVT-i、VVTL-i、VVT-iE

保养先行，防事故。

学习笔记

任务测评

一、知识测评

确定本任务的关键词，按重要程度进行关键词排序并举例解读，然后根据自己对重要信息捕捉、排序、表达、创新和划分权重的能力进行自评，满分 100 分，见表 1-4-3。

表 1-4-3　清洗节气门及进气道知识测评表

序号	关键词	举例解读	评分自定
1			
2			
3			
4			
5			
总分			

二、能力测评

对表 1-4-4 所列作业内容，操作规范即得分，操作错误或未操作即零分。

表 1-4-4　清洗节气门及进气道能力测评表

序号	能力点	配分	得分
1	车辆预热	30	
2	免拆清洗设备使用	30	
3	初始化节气门	30	
4	验证清洗效果	10	
总分		100	

三、素养测评

对表 1-4-5 所列素养点，做到即得分，未做到即零分。

表 1-4-5　清洗节气门及进气道素养测评表

序号	素养点	配分	得分
1	设备和工具安全检查	20	
2	车辆安全防护	20	
3	工具清洁、校准、存放	20	
4	工量辅具、零部件、油水液体“三不落地”	20	
5	工位 5S	20	
总分		100	

四、拓展训练

（1）请列举出在清洗节气门及进气道作业过程中易出现的问题，分析产生问题的原因并制定解决问题的措施。（满分 25 分）

（2）客户的车辆进店后要用压缩空气清洁现用的节气门，并装回，是否可行，应注意哪些事项？（满分 25 分）

（3）请按下列思维导图格式（见图 1-4-1），对清洗节气门及进气道的学习收获进行总结。（满分 50 分）

图 1-4-1　清洗节气门及进气道思维导图

学习笔记

任务五　更换火花塞

职业行动

步骤一：作业准备

1. 作业场地

选择带有消防设施且通风条件良好的作业场地。

2. 设备设施

2007 款卡罗拉 1.6 L/AT 轿车（1ZR-FE 发动机）、发动机台架、举升机、工具车、零件车、压缩空气、车内四件套、翼子板布、前格栅布。

3. 工量辅具（见表 1-5-1）

表 1-5-1　更换火花塞工量辅具

套筒扳手组合套具	火花塞专用套筒	火花塞套筒扳手	扭力扳手
	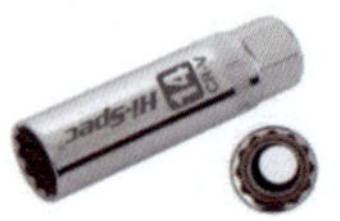		

4. 耗材（见表 1-5-2）

表 1-5-2　更换火花塞所需耗材

泡沫清洗剂	清洁布	防护手套

职业知识

火花塞

结构

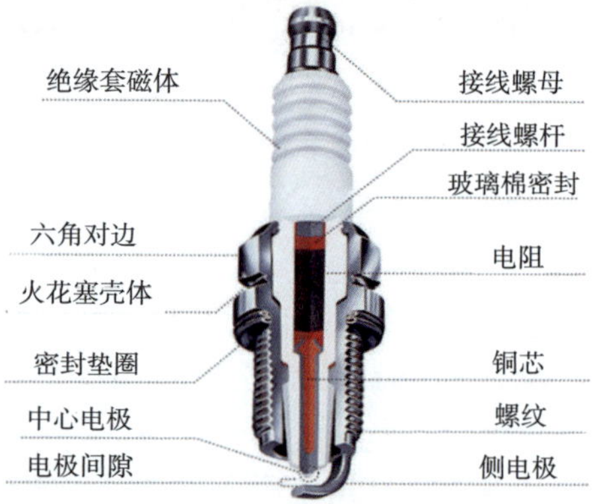

功用

将点火线圈产生的高压电引入燃烧室，击穿火花塞两电极间空气，在电极间产生强烈的电火花，点燃气缸内的混合气体

类型

材质名称	主电极	侧电极	寿命 /km
镍铜普通火花塞	镍铜合金	镍铜合金	1.5 万
单铂金火花塞	铂金	镍铜合金	3 万
单铱金火花塞	铱金	镍铜合金	4 万
双铂金火花塞	铂金	铂金	5 万
铱铂金火花塞	铱金	铂金	6 万
双铱金火花塞	铱金	铱金	8 万以上

视频

1-8 火花塞的保养与维护

车行牵着你我他，安全系着千万家。

步骤二：拆卸 2 号气缸盖罩

（1）将点火开关置于 LOCK 位置。

（2）依次提起发动机盖罩前后两端，取下气缸盖罩。

步骤三：拆卸点火线圈总成

（1）按下点火线圈线束连接器锁舌，将线束连接器向外拔出，依次断开四个连接器，如图 1-5-1 所示。

（2）根据维修手册选用棘轮扳手、10 mm 套筒，依次拧松点火线圈固定螺栓并用手取下。

（3）用手左右旋动点火线圈，并垂直方向拔出点火线圈；然后依次取出四个点火线圈。

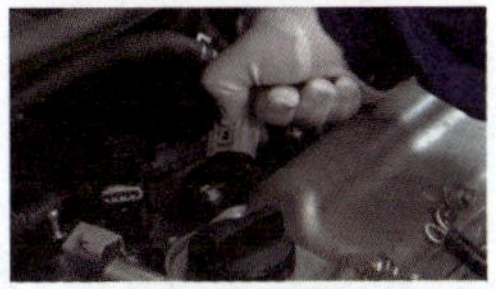

图 1-5-1　断开点火线圈线束连接器

步骤四：拆卸火花塞

（1）根据维修手册规定，选用火花塞套筒、加长杆、棘轮扳手，正确组合工具。

（2）将火花塞套筒与火花塞中心对正，然后拧松，直到火花塞螺纹完全退出后，将工具与火花塞一同取出，然后在火花塞上放置一块干净的布，如图 1-5-2 所示。

图 1-5-2　拆卸火花塞

步骤五：安装火花塞

（1）根据原厂规定选用正确的火花塞型号。

（2）根据维修手册，选用并组合火花塞套筒、加长杆、扭力扳手，将火花塞正确插入火花塞套筒。

（3）握住工具，连同火花塞正确放入安装位置，优先用手旋入螺纹，直至碰到密封垫圈拧不动为止，如图 1-5-3 所示。

（4）使用扭力扳手，以 20 N•m 的扭矩拧紧火花塞。

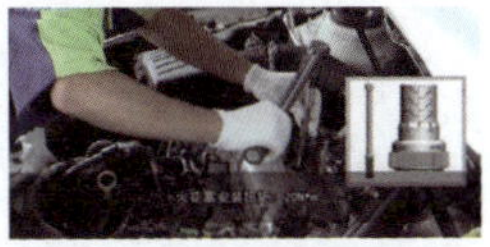

图 1-5-3　安装并拧紧火花塞

点火线圈

功用	将车载电源提供的 12 V 低压电转换成火花塞放电所需高电压电的一种变压器

类型

笔式点火线圈：

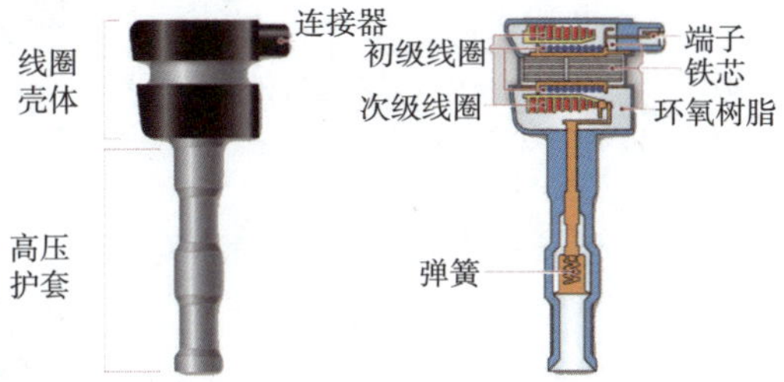

块式点火线圈：

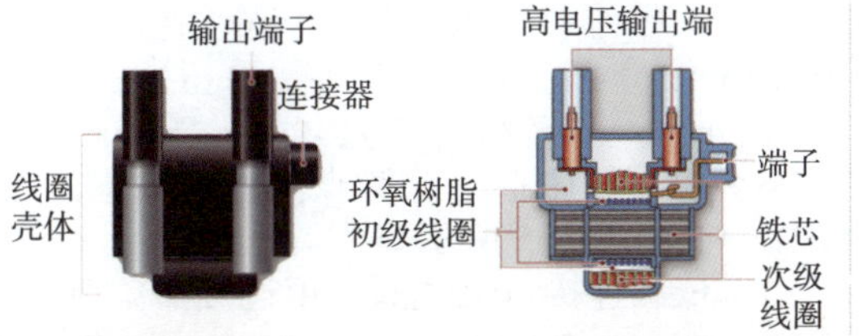

火花塞电极类型

单极火花塞	双极火花塞	三极火花塞	四极火花塞

火花塞多电极作用

延长火花塞的寿命，保证在其中一个电极过度老化后还有其他的可以继续保证正常点火，这是对于寿命较短金属材质火花塞进行的弥补设计

学习笔记

视频

1-9 火花塞检修的操作方法

学习笔记

步骤六：安装点火线圈总成

（1）根据维修手册规定，选用合适的吹气枪。

（2）连接吹气枪和压缩空气管路，使用吹气枪依次吹拂火花塞安装孔，将火花塞安装孔中的污物吹出来，防止拆卸火花塞后，污物掉入气缸中。

（3）依次将点火线圈垂直插入安装孔，确保完全插入，与火花塞套接良好，如图 1-5-4 所示。

（4）依次安装点火线圈固定螺栓。

（5）根据维修手册规定选择扭力扳手和 10 mm 套筒，调整扭力扳手扭矩（10 N•m），连接组合工具。

（6）使用扭力扳手拧紧点火线圈固定螺栓，如图 1-5-5 所示。

（7）依次连接点火线圈线束连接器。

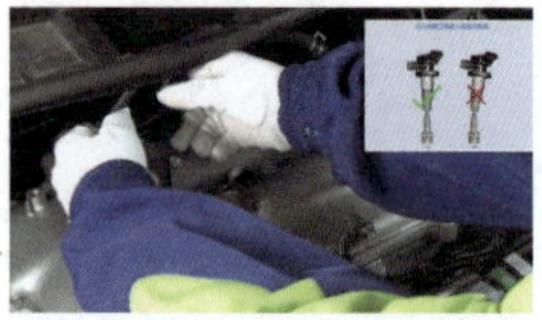

图 1-5-4　安装点火线圈总成

图 1-5-5　拧紧点火线圈固定螺栓

步骤七：安装 2 号气缸盖罩

依次按下发动机盖罩前后两端，安装 2 号气缸盖罩。

步骤八：检查

（1）再次检查并确认火花塞的安装是否符合维修标准。

（2）仔细检查全车所有维修部位。

（3）进行试车检查，确认各部件运转是否正常。

步骤九：整理工位

（1）将更换耗材的包装回收至指定位置。

（2）将使用或更换下来的旧件集中放置在指定位置，以便向顾客展示。

（3）整理并清洁工具及场地。

（4）车间现场 5S 管理。

视频

1-10 火花塞的常见故障

火花塞常见故障

提前点火	熏黑污损

MMT（一种汽油添加剂）污损	沉积

电极磨损	陶瓷体断裂
 	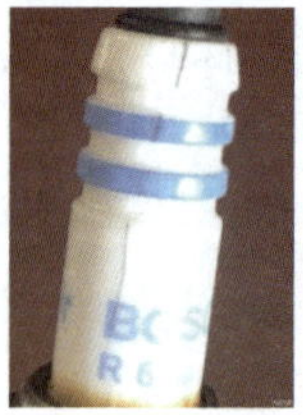

电极磨损照片中的文字：行驶 60 000 公里后的火花塞；全新同型号火花塞

火花塞更换要求

- 安装时要注意对准螺纹。特别是火花塞孔较深，需用专用工具，旋入时如感阻力较大，切忌盲目用力，以免拧乱螺纹，造成螺纹丝牙损坏。
- 拧紧火花塞时，扭紧力矩要符合技术规范，不要拧得过松或过紧，以免漏气或损坏火花塞和火花塞孔。
- 安装过程中切勿扭矩过大，以免主体金属部件损伤导致发动机抖动、侧电极烧蚀、中心电极陶瓷体断裂。
- 切记用力过度，这样会造成火花塞内部损坏，造成点火失效

车行牵着你我他，安全系着千万家。

学习笔记

任务测评

一、知识测评

确定本任务的关键词，按重要程度进行关键词排序并举例解读，然后根据自己对重要信息捕捉、排序、表达、创新和划分权重的能力进行自评，满分 100 分，见表 1-5-3。

表 1-5-3　更换火花塞知识测评表

序号	关键词	举例解读	评分自定
1			
2			
3			
4			
5			
总分			

二、能力测评

对表 1-5-4 所列作业内容，操作规范即得分，操作错误或未操作即零分。

表 1-5-4　更换火花塞能力测评表

序号	能力点	配分	得分
1	拆卸点火线圈总成	20	
2	选用正确的火花塞	20	
3	更换火花塞	30	
4	安装点火线圈总成	20	
5	检查火花塞及点火线圈安装到位	10	
总分		100	

三、素养测评

对表 1-5-5 所列素养点，做到即得分，未做到即零分。

表 1-5-5　更换火花塞素养测评表

序号	素养点	配分	得分
1	设备和工具安全检查	20	
2	车辆安全防护	20	
3	工具清洁、校准、存放	20	
4	工量辅具、零部件、油水液体“三不落地”	20	
5	工位 5S	20	
总分		100	

四、拓展训练

（1）请列举出在更换火花塞作业过程中易出现的问题，分析产生问题的原因并制定解决问题的措施。（满分 25 分）

（2）客户为节省修理费用，要求只更换第三缸火花塞。请问是否可行？并说明理由。（满分 25 分）

（3）请按下列思维导图格式（见图 1-5-6），对更换火花塞的学习收获进行总结。（满分 50 分）

图 1-5-6　更换火花塞思维导图

学习笔记

任务六　更换发动机冷却液

职业行动

步骤一：作业准备

1. 作业场地

选择带有消防设施且通风条件良好的作业场地。

2. 设备设施

2007 款卡罗拉 1.6 L/AT 轿车（1ZR-FE 发动机）、发动机台架、工具车、零件车、压缩空气、车内四件套、翼子板布、前格栅布、举升机。

3. 工量辅具（见表 1-6-1）

表 1-6-1　更换发动机冷却液工量辅具

套筒扳手组合套具	散热器盖测试仪	冰点测试仪	冷却系统测试仪
	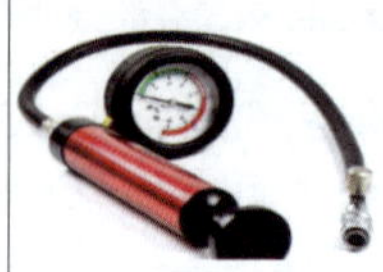		

4. 耗材（见表 1-6-2）

表 1-6-2　更换发动机冷却液所需耗材

冷却液	清洁布	防护手套

职业知识

发动机水冷系统

组成

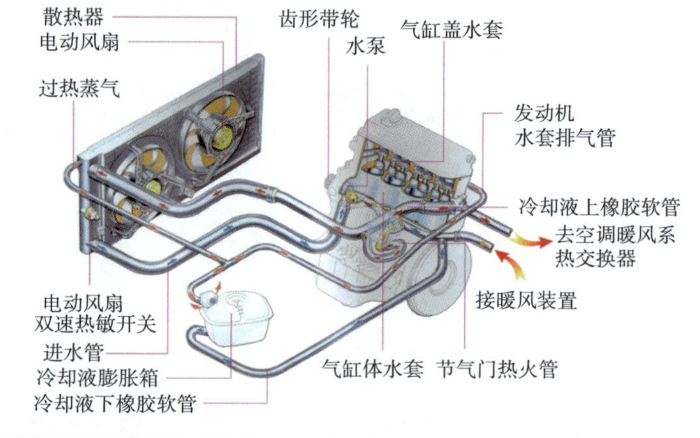

功用

把发动机中高温零件的热量先传给冷却液，然后再散入大气而进行冷却，以保证发动机在正常的温度范围内工作

工作模式

大循环	小循环
冷却液通过散热器	冷却液不通过散热器
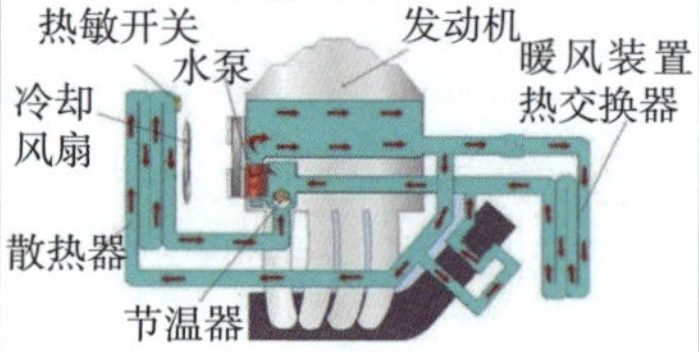	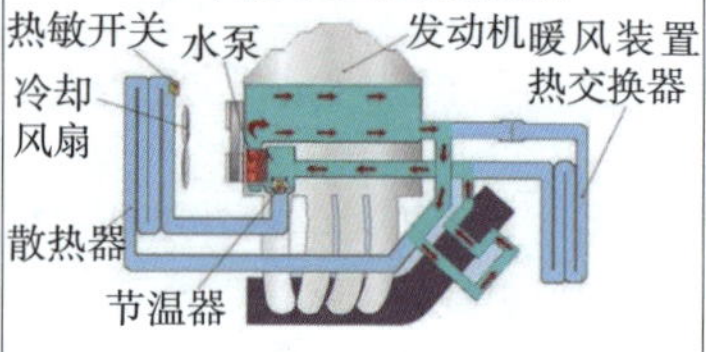

不以善小而不为，勿以恶小而为之。

步骤二：检查冷却液泄漏

（1）向散热器总成中注满发动机冷却液，然后拆下带压力阀的加液口盖，把冷却系测试仪装到加液口处。

（2）泵压 108 kPa（1.1 kgf/cm^2，15.6 psi），然后检查并确认压力没有降低。如果压力降低，检查软管、散热器总成和水泵总成冷却液是否泄漏，如图 1-6-1 所示。如果发动机外部没有冷却液泄漏痕迹，则检查加热器芯、气缸体和气缸盖。

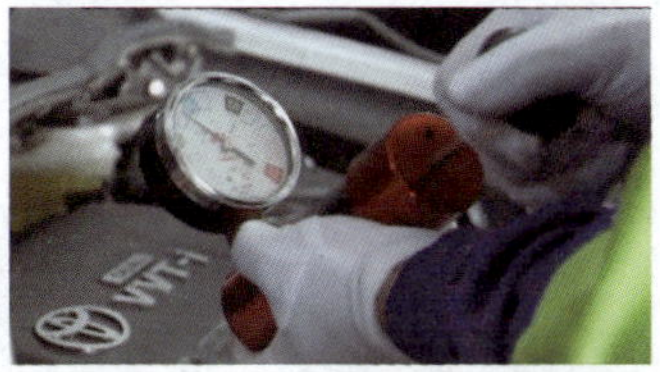
图 1-6-1　检查冷却液是否泄漏

（3）使用一个散热器盖测试仪测量散热器盖阀门开启压力，并检查其是否在规定的范围以内。检查橡胶密封垫是否有裂纹或者破损。

步骤三：检查储液罐液位

（1）预热发动机后，使其冷却下来。

（2）目视检查储液罐内冷却液是否处于最低刻度线和最高刻度线之间，如图 1-6-2 所示。如果液位过低，检查冷却系统管路是否有泄漏，并加注冷却液到 FULL 刻度线。

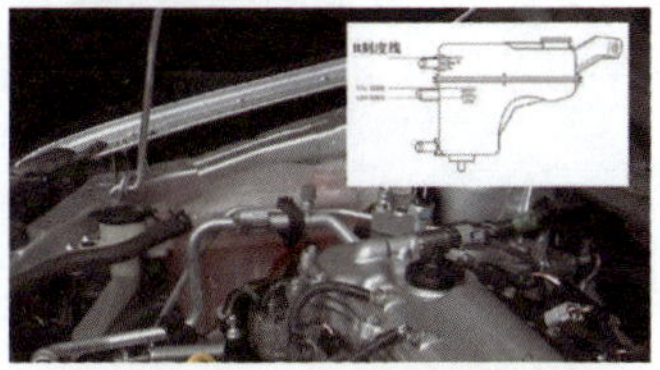
图 1-6-2　检查储液罐液位

步骤四：排放冷却液

（1）在发动机下部放好收集冷却液的容器。

（2）打开散热器储液罐盖。

（3）松开散热器和气缸体的排放塞，放净冷却液，如图 1-6-3 所示。

图 1-6-3　排放冷却液

冷却液	
功能	• 降低发动机温度； • 夏季防沸、冬季防冻； • 防腐蚀； • 防水垢
成分	• 母液、软水、防腐剂、防锈剂、消泡剂、缓蚀剂； • 母液成分可为甲醇、乙二醇、丙二醇、丙三醇或硅酸盐等
颜色	• 冷却液本身无色，为了防止和其他液体混淆，在出厂时会人为地加入一些染色剂，使其呈现不同的颜色； • 防冻液的颜色一般有绿色（乙二醇）、蓝色（丙二醇）、粉红色（丙三醇），有些还有荧光效果 
沸点	• 沸点是在高温情况下，发动机冷却液开始沸腾的温度； • 发动机冷却液沸点要求在 106 ℃以上
冰点	• 在低温情况下，发动机冷却液开始结冰的温度； • 发动机冷却液冰点按等级分有 -15 ℃、-25 ℃、-35 ℃、-40 ℃、-45 ℃等
更换要求	• 不同冷却液不能混用； • 请勿在冷却系统冷却前拧开水箱盖，以免伤人； • 必须在发动机处于冷态时添加冷却液，以免损坏发动机； • 保证冷却液在储液罐高水位和低水位之间，不可加满； • 更换冷却液后需要排气，排气结束后按标准补充冷却液； • 卡罗拉车型的冷却液更换周期为每 40 000 km 或 2 年，具体参考维修计划； • 冷却液切勿直接接触皮肤，并置于安全场所； • 不可用自来水代替冷却液

学习笔记

视频
1-11 检查发动机冷却液液位

视频
1-12 冷却液的认识

学习笔记

视频

1-13 添加发动机冷却液

视频

1-14 冷却系统排空气、加压检漏

步骤五：加注冷却液

（1）紧固散热器放水螺塞。

（2）紧固气缸体放水螺塞。（扭矩 13 N · m）

（3）将丰田超长效冷却液（SLLC）添加至散热器储液罐加注口，直到储液罐中的冷却液液面高度达到规定 FULL 刻度线，如图 1-6-4 所示。

图 1-6-4　加注冷却液

（4）拆下散热器盖并将冷却液添加至储液罐 B 刻度线。

（5）用手按压散热器进水软管和出水软管数次，检查冷却液液位。如果冷却液液位过低，添加冷却液。

（6）安装盖子和阀门，使发动机充分暖机。

（7）再观察储液罐液面高度，视情添加，直到发动机怠速运转时，储液罐内没有空气出现为好。

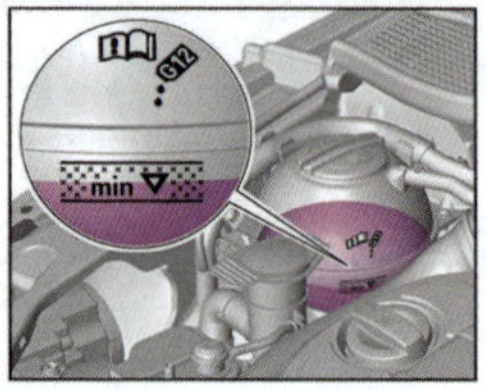

图 1-6-5　冷却液标准液位

（8）发动机冷却后，检查并确认冷却液液位在 FULL 和 LOW 刻度线之间。如果冷却液液位低，则补充冷却液使液位在 FULL 和 LOW 刻度线之间，如图 1-6-5 所示。

步骤六：检查

再次进行试车检查，确认冷却液的量添加是否适量，整车各部件运转是否正常。检查完毕后关闭发动机。

步骤七：整理工位

（1）将更换耗材的包装回收至指定位置。

（2）将使用或更换下来的旧件集中放置在指定位置，以便于向顾客展示。

（3）整理并清洁工具及场地。

（4）车间现场 5S 管理。

冰点测试仪		
用途	• 测量乙二醇冰点； • 测量乙二醇为母液的防冻液冰点； • 测量玻璃水的冰点	
使用方法	（1）将 2 ～ 3 滴样品滴于棱镜表面 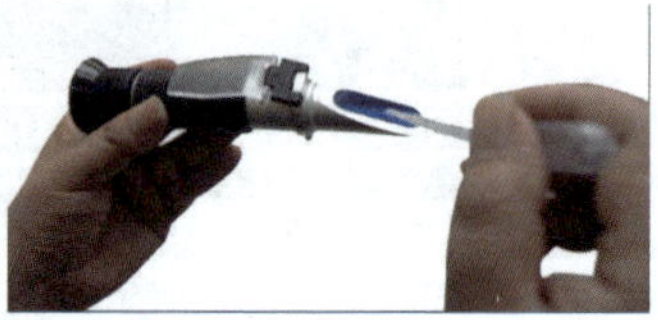	（2）盖好棱镜盖板，朝向管线明亮处 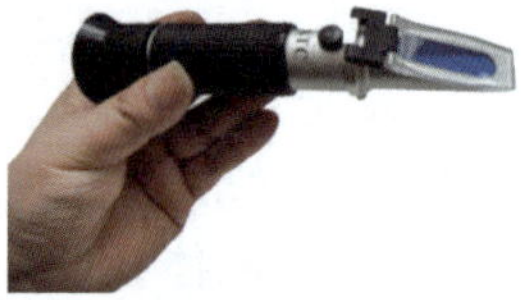
	（3）调节旋钮至内部刻度清晰状态 	（4）读出蓝色与白色交界处读数 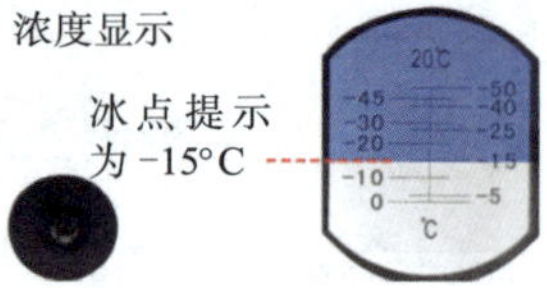

不以善小而不为，勿以恶小而为之。

学习笔记

任务测评

一、知识测评

确定本任务的关键词，按重要程度进行关键词排序并举例解读，然后根据自己对重要信息捕捉、排序、表达、创新和划分权重的能力进行自评，满分 100 分，见表 1-6-3。

表 1-6-3 更换发动机冷却液知识测评表

序号	关键词	举例解读	评分自定
1			
2			
3			
4			
5			
总分			

二、能力测评

对表 1-6-4 所列作业内容，操作规范即得分，操作错误或未操作即零分。

表 1-6-4 更换发动机冷却液能力测评表

序号	能力点	配分	得分
1	检查冷却液泄漏	10	
2	检查储液罐液位	10	
3	排放冷却液	30	
4	加注冷却液	20	
5	冷却液排气	20	
6	再次检查冷却液液位	10	
总分		100	

三、素养测评

对表 1-6-5 所列素养点，做到即得分，未做到即零分。

表 1-6-5 更换发动机冷却液素养测评表

序号	素养点	配分	得分
1	设备和工具安全检查	20	
2	车辆安全防护	20	
3	工具清洁、校准、存放	20	
4	工量辅具、零部件、油水液体“三不落地”	20	
5	工位 5S	20	
总分		100	

四、拓展训练

（1）请列举出在更换发动机冷却液作业过程中易出现的问题，分析产生问题的原因并制定解决问题的措施。（满分 25 分）

（2）客户认为在南方地区，全年温度均在零摄氏度以上。要求使用纯净水代替冷却液，是否可行？应注意哪些事项？（满分 25 分）

（3）请按下列思维导图格式（见图 1-6-6），对更换发动机冷却液的学习收获进行总结。（满分 50 分）

图 1-6-6 更换发动机冷却液思维导图

学习笔记

任务七　更换发动机多楔带

职业行动

步骤一：作业准备

1. 作业场地

选择带有消防设施且通风条件良好的作业场地。

2. 设备设施

2007 款卡罗拉 1.6 L/AT 轿车（1ZR-FE 发动机）、发动机台架、工具车、零件车、压缩空气、车内四件套、翼子板布、前格栅布、举升机。

3. 工量辅具（见表 1-7-1）

表 1-7-1　更换发动机多楔带工量辅具

套筒扳手组合套具	手电筒	开口扳手
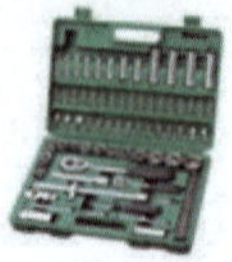		

4. 耗材（见表 1-7-2）

表 1-7-2　更换发动机多楔带所需耗材

多楔带	清洁布	防护手套

职业知识

多楔带

组成	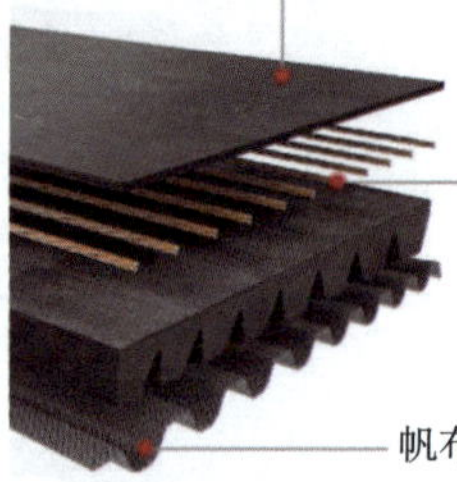
功用	带动发电机、空调压缩机、转向助力泵，挂在曲轴传送带盘上，由传送带张紧轮张紧

正时传送带与附件传送带

发动机正时传送带	发动机附件传送带
打开正时盖能看见的是正时传送带	打开发动机舱盖肉眼可见是附件传送带
 正时传送带齿形	 附件传送带齿形

防患于未然。

学习笔记

步骤二：拆卸

（1）拆卸散热器上空气导流板。

（2）拆卸发动机后部右侧底罩。

（3）拆卸多楔带，首先松开螺栓 A 和 B，如图 1-7-1 所示。然后，松开螺栓 C，最后拆下多楔带。不要松开螺栓 D。

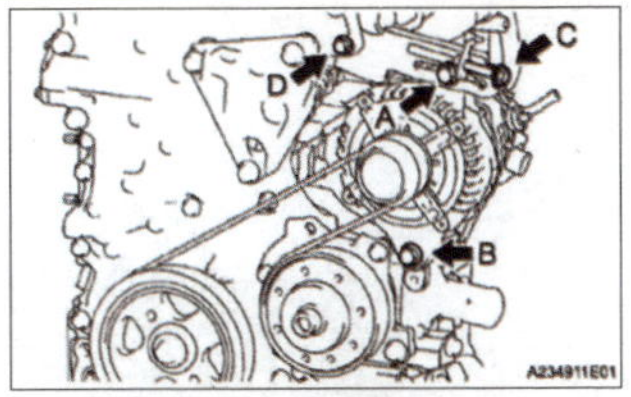

图 1-7-1　发电机固定螺栓位置

步骤三：安装

（1）将拆下来的旧传送带和新传送带的长度、宽度、形状以及传送带槽的数量进行对比，确认一致后安装新的传送带。

（2）转动螺栓 C，以调节多楔带的张紧力。

（3）旋紧螺栓 A 和 B。

（4）紧固螺栓 A 至扭矩 19 N · m。

（5）紧固螺栓 B 至扭矩 43 N · m。

（6）检查多楔带。

步骤四：检查

（1）安装好多楔带后，检查并确认多楔带正确安装在楔形槽中。用手检查，以确认传送带没有从曲轴传送带轮底部的凹槽中滑脱。

（2）安装新多楔带后，运转发动机约 5 min，然后重新检查多楔带张紧度。

（3）检查多楔带的偏移和张紧度，如图 1-7-2 所示。

- 新多楔带偏移：7.5 ～ 8.6 mm。
- 用过的多楔带偏移：8.0 ～ 10.0 mm。
- 新多楔带张紧力：637 ～ 735 N。
- 用过的多楔带张紧力：392 ～ 588 N。

（4）安装发动机后部右侧底罩。

（5）安装散热器上的空气导流板。

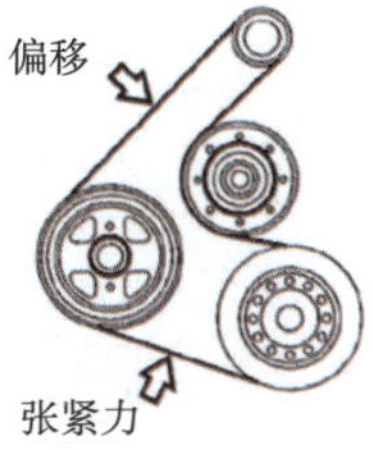

图 1-7-2　检查多楔带

多楔带失效形式

类型	图例	成因	解决办法
楔面破损		• 过度张紧力导致的破裂； • 外物进入轮槽中； • 安装错误，楔面在轮子外面； • 未对中	• 正确安装多楔带，清除附件轮中的外物，正确安装附件系统中其他部件； • 更换损坏的多楔带
楔面组成部分分离		• 安装附件轮子时，不恰当使用工具； • 附件系统中部件未对中； • 附件多楔带轮位置错误	• 在装配过程中，仔细查看多楔带的位置，确认附件轮正确固定和对齐； • 更换损坏的多楔带
线绳裸露		• 过度张紧力； • 多楔带轮的不规则运动，可能导致擦伤或割伤的多楔带； • 附件轮故障； • 附件轮未对中； • 固定组件干扰	• 确保传动系统中其他金属部件的良好状态，且对齐，多楔带的张紧力适中； • 更换损坏的多楔带
楔面部分缺失		• 过低装配张紧力； • 过度磨损的多楔带轮槽； • 带的长度过长	• 确定多楔带尺寸适合； • 确保传动系统的金属部件不会出现磨损以及多楔带张紧力准确； • 更换损坏的多楔带

防患于未然。

学习笔记

- “新多楔带”是指发动机运转的情况下使用时间少于5min的多楔带。
- “用过的多楔带”是指在发动机运转的情况下使用时间长达5min或以上的多楔带。

步骤五：整理工位

（1）将更换耗材的包装回收至指定位置。

（2）将使用或更换下来的旧件集中放置在指定位置，以便于向顾客展示。

（3）整理并清洁工具。

（4）整理并清洁场地。

（5）车间现场5S管理。

续表

类型	图例	成因	解决办法
皮带槽中外物沉淀物		• 楔面脱离，并沉积在底部的凹槽； • 异物在多楔带和多楔带轮槽引起的振动或过度的噪声	• 确保传动系统的金属部件不会出现磨损以及多楔带张紧力准确； • 检查传动系统各部件，确保没有外物遗留在附件轮槽中，如灰尘和沙砾； • 更换损坏的多楔带

多楔带更换周期

- 60 000 ~ 80 000 km时检查更换；
- 具体的更换周期应该以车辆的保养手册说明为准

防患于未然。

学习笔记

任务测评

一、知识测评

确定本任务关键词，按重要程度进行关键词排序并举例解读，然后根据自己对重要信息捕捉、排序、表达、创新和划分权重能力进行自评，满分 100 分，见表 1-7-3。

表 1-7-3　更换发动机多楔带知识测评表

序号	关键词	举例解读	评分自定
1			
2			
3			
4			
5			
总分			

二、能力测评

对表 1-7-4 所列作业内容，操作规范即得分，操作错误或未操作即零分。

表 1-7-4　更换发动机多楔带能力测评表

序号	能力点	配分	得分
1	拆卸多楔带	30	
2	选用正确的多楔带	30	
3	安装多楔带	30	
4	检查多楔带张紧度	10	
总分		100	

三、素养测评

对表 1-7-5 所列素养点，做到即得分，未做到即零分。

表 1-7-5　更换发动机多楔带素养测评表

序号	素养点	配分	得分
1	设备和工具安全检查	20	
2	车辆安全防护	20	
3	工具清洁、校准、存放	20	
4	工量辅具、零部件、油水液体“三不落地”	20	
5	工位 5S	20	
总分		100	

四、拓展训练

（1）请列举出在更换多楔带作业过程中易出现的问题，分析产生问题的原因并制定解决问题的措施。（满分 25 分）

（2）在接车检查后发现多楔带老化严重，客户要求放车上一根多楔带，待断裂后再进行更换，请说服客户本次立即进行更换。（满分 25 分）

（3）请按下列思维导图格式（见图 1-7-3），对更换发动机多楔带的学习收获进行总结。（满分 50 分）

图 1-7-3　更换发动机多楔带思维导图

学习笔记

学习考评

一、成果描述

根据所学，请对2007款卡罗拉1.6 L/AT轿车（1ZR-FE发动机）发动机进行保养作业，完成考评报告。

二、实施准备

1. 学生准备

学生按照教学进度计划，已经完成了以下学习任务并达到了75分以上，可进行该学习考评的实施。

（1）理解并完成学习考评需要的相关知识和方法的学习，得分大于75分。

（2）运用学习考评需要的相关知识和方法进行作业，得分大于75分。

（3）按时、按质、按量完成相应作业，得分大于80分。

（4）具有自觉遵守技术标准和要求规定、规范操作、安全、环保、5S作业、团结协作的好习惯，得分大于80分。

（5）能制定2007款卡罗拉1.6 L/AT轿车（1ZR-FE发动机）发动机保养方案。

2. 教师准备

（1）在安排学生实施学习考评前，通过课堂问题研讨、作业、实训和考核及其他方式，确认学生已经具备了实施学习考评所需的知识、技能和素养，并确保学生在安全状态下独立进行。

（2）对协助教师进行测评的学生进行测评和监督方法的培训，确保测评结果的准确性和公平性。

（3）准备好测评记录。

三、验证方法与标准

（1）每位测评人员负责对2名学生进行定点、全过程的监控和测评。

（2）详细记录学生在实施学习考评过程中的相关信息、数据、结果、操作方法、完成时间，以及出现错误、事故等情况。

（3）学习考评的作业过程和数据记录等，要求在60 min内完成。如果时间不足，可在即将结束时，口述剩余部分的作业方法。

（4）考核内容及评分标准如下表所示。

序号	评分项	得分条件	评分标准	配分	扣分
1	安全/5S/态度	□（1）能进行工位5S操作； □（2）能进行设备和工具安全检查； □（3）能进行车辆安全防护操作； □（4）能进行工具清洁、校准、存放操作； □（5）能进行三不落地操作	未完成1项扣3分，扣分不得超15分	15	
2	专业技能能力	□（1）能够规范地对发动机机油及机油滤清器进行更换作业； □（2）能够规范地对汽油滤清器进行更换作业； □（3）能够规范地对空气滤清器进行更换作业； □（4）能够规范地对节气门及进气道进行清洗作业； □（5）能够规范地对火花塞进行更换作业； □（6）能够规范地对发动机冷却液进行更换作业； □（7）能够规范地对发动机多楔带进行更换作业	未完成1项扣5分，扣分不得超50分	50	

防患于未然。

续表

序号	评分项	得分条件	评分标准	配分	扣分
3	工具及设备的使用能力	□（1）能正确选用保养工具； □（2）能正确使用保养工具拆装； □（3）能正确使用测量工具； □（4）能正确使用专用工具； □（5）能熟练使用办公软件	未完成1项扣5分，扣分不得超10分	10	
4	资料、信息查询能力	□（1）能正确使用维修手册查询资料； □（2）能正确使用用户手册查询资料； □（3）能在规定时间内查询所需资料； □（4）能正确记录查询资料章节页码； □（5）能正确记录所需保养信息	未完成1项扣2分，扣分不得超10分	10	
5	数据判读和分析能力	□（1）能判断发动机机油及机油滤清器是否需要更换； □（2）能判断汽油滤清器是否需要更换； □（3）能判断空气滤清器是否需要更换； □（4）能判断节气门及进气道是否需要清洗； □（5）能判断火花塞是否需要更换； □（6）能判断冷却液是否需要更换； □（7）能判断发动机多楔带是否需要更换	未完成1项扣5分，扣分不得超10分	10	
6	表单填写与报告的撰写能力	□（1）字迹清晰； □（2）语句通顺； □（3）无错别字； □（4）无涂改； □（5）无抄袭	未完成1项扣1分，扣分不得超5分	5	
合计				100	

四、考评报告

说明：考评分为理论考评和实操考评，理论考评根据项目要求以及考评模板格式制定项目实施方案，方案经教师审核合格后，方可进行实操考评。考评报告模板详见附录A。

学习笔记

防患于未然。

学习笔记

拓展阅读——汽车保养误区

汽车三分靠修七分靠养，汽车保养不仅能更好地保障安全行车，更可以延长车辆使用年限。但不是保养越多越频繁就越好。由于大多数车主只会开车，缺少汽车保养常识，有的车主就会陷入过度保养误区。

一、频繁打蜡

很多车主喜欢经常给车打蜡，认为这样能保护车漆，同时也能让车漆光亮，殊不知频繁打蜡会给车身带来很大伤害。因为有的车蜡中含有碱性物质，长时间使用会使车身变乌。

在南方雨水较多的地方，打蜡可相对多一些，因为雨水中含有大量的酸性物质。而北方的车就没有必要频繁打蜡。打蜡时最好选择去污能力适中，不含研磨剂成分的车蜡。

注意：5 个月内新车没必要打蜡，因为本身已经有一层蜡。

二、保养周期过短

一般情况下，首次保养的时间和公里数应该在 6 个月或 5 000 km，这在车辆保养手册上都会有注明（不同车型首保略有不同）。但对于很多新驾驶员，对车辆保养不是很了解，或者听信无良维修人员的建议，在 6 000 km 之内进行了 2 次保养，机滤也更换了 2 次，有些甚至还更换了汽滤，这些过度保养对车没有害处，但会增加车主不必要的开支。

三、不同品牌的冷却液混合使用

有些车主为了图方便，把别人的冷却液拿过来加到自己的车上。虽然省事了，但是这样做大错特错。因为不同品牌的冷却液其化学性能可能相差悬殊，所用的防腐剂也不同，所以不能混合使用，混合使用容易加速汽车老化的速度。

四、胎压打高不打低

胎压不能过低，因为过低容易爆胎，所以有的车主想当然地就会把胎压打得高一点，这样还能省去后面因缺气到处找地方加气的麻烦。还有一种说法就是胎压高一些可以省油，所以就有很多车主会这样做。但实际上高胎压对汽车的安全行驶也是不利的。如果轮胎的胎压过高，轮胎与地面的接触面积就会减少，在制动时有效的摩擦力也会减小，制动距离就会拉长。

五、迷信进口轮胎

有些车主买轮胎特别喜欢强调进口，但是进口轮胎的生产工艺都是针对该国家的路况进行设计的，并不一定适合我国的道路情况，所以需要根据情况挑选轮胎。

思考：汽车保养误区不限于上述几种，既不能过度保养，也不能疏于保养，车主应该做一个汽车使用的有心人，像关心自己身体保健一样关心汽车的保养，随时保持汽车处于最佳状态，保障行车安全，增加使用年限。

搜集资料，列出不低于 20 种汽车保养误区。

防患于未然。

学习笔记

学习笔记

项目二　维护保养汽车底盘系统

一、项目描述

完成 2007 款卡罗拉 1.6 L/AT 轿车底盘系统保养作业。

二、项目要求

符合 2007 款卡罗拉轿车技术要求与标准，正确使用工具，完成如下保养作业：

（1）更换自动变速器油（ATF）。

（2）更换转向助力油。

（3）更换整车制动液。

（4）更换制动片。

（5）检查轮胎动平衡。

三、学习目标

（1）能够规范地对自动变速器油进行更换作业。

（2）能够规范地对转向助力油进行更换作业。

（3）能够规范地对整车制动液进行更换作业。

（4）能够规范地对制动片进行更换作业。

（5）能够规范地进行轮胎动平衡作业。

（6）能够养成自觉遵守技术标准和要求规定、规范操作、安全、环保、5S 作业的好习惯。

四、学习载体

现有一辆行驶里程达到 120 000 km 的 2007 款卡罗拉 1.6 L/AT 轿车来到了服务站，售后服务顾问依据使用手册告知车主该车本次保养需更换自动变速器油、转向液、制动液、制动片。经沟通了解该车在行驶过程中有轻微的颠簸情况，建议此次进行轮胎动平衡作业。

经与车主交谈后确认，本次保养内容为自动变速器油、转向液、制动液、制动片，同时进行轮胎动平衡作业。

学习笔记

学习笔记

任务一　更换自动变速器油

职业行动

步骤一：作业准备

1. 作业场地

选择带有消防设施且通风条件良好的作业场地。

2. 设备设施

2007 款卡罗拉 1.6 L/AT 轿车、工具车、零件车、压缩空气、车内四件套、翼子板布、前格栅布、举升机。

3. 工量辅具（见表 2-1-1）

表 2-1-1　更换自动变速器油工量辅具

套筒扳手组合套具	预置力式扭力扳手	漏斗	变速器油循环机
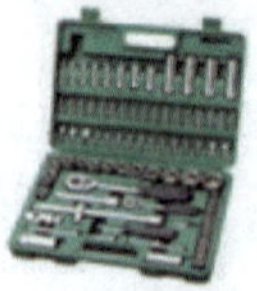			

4. 耗材（见表 2-1-2）

表 2-1-2　更换自动变速器油所需耗材

自动变速器油	润滑脂	清洁布	防护手套

职业知识

变速器

组成		
功能	• 改变传动比，扩大驱动轮转矩和转速的变化范围，以适应经常变化的行驶条件，同时使发动机在有利的工况下工作； • 在发动机旋转方向不变的情况下，使汽车能倒退行驶； • 利用空挡，中断动力传递，使发动机能够起动、怠速，并便于变速器换挡或进行动力输出； • 实现空档，当离合器接合时，变速器可以不输出动力	
种类	**自动变速器**	**手动变速器**
	• 自动液力变速器（AT）； • 机械无级变速器（CVT）； • 双离合器变速器（DCT）； • 机械式自动变速器（AMT）	手动变速器（MT）

诚信维修，车行无忧。

步骤二：举升车辆

（1）检查车辆停放位置是否到位，如果不到位需要重新调整。

（2）布置车辆防护护垫、转向盘套、脚垫、变速杆套等保护用品。

（3）起动发动机进行预热，至变速器处于正常的工作温度(70 ～ 80 ℃)时，发动机怠速运转，将变速杆从P位依次换入L位，并在各挡位置停留片刻，然后回到P位后熄火。

（4）按下举升机按钮，将车辆举升至较高位置，并确认锁止可靠。

步骤三：更换变速器油

（1）检查自动变速器壳体外部是否有渗漏、尤其要检查ATF冷却器以及与之相连接的管路接头处，对于渗漏进行修复处理。

（2）清洁变速器油底壳放油螺塞附近污物，用扭力扳手松开放油螺塞，将废油机或油盆放到油底壳下回收废油，让ATF自动流出，排完为止。

（3）拆卸自动变速器油底壳。选用套筒工具卸下油底壳螺栓，取下油底壳。拆下油底壳2个磁铁，清除磁铁上吸附的铁屑，清除油底壳残留污物，再用清洗液清洗。

（4）拆卸滤油网。选用套筒工具旋松固定滤油网的螺栓，取下滤油网。

（5）安装新滤油网。检查新滤油网的零件号，检查新滤油网和衬垫外观有无损伤，在新的滤油网和衬垫上涂ATF，安装衬垫到滤油网上，然后将滤油网安装到阀体上，安装固定螺栓至规定力矩标准为11 N•m。

（6）安装油底壳。检查新的油底壳衬垫是否完好，并将新壳衬垫安放到油底壳上，然后安装油底壳，用7.8 N•m规定力矩拧紧油底壳螺栓。

（7）安装放油螺塞。清洁放油螺塞，更换新的衬垫，用49 N•m规定力矩拧紧放油螺塞。

（8）降下车辆，加注自动变速器油。清洁加油漏斗，用漏斗在ATF标尺管处进行加注，按照丰田原厂手册加注标号为ATF WS的油，加注量为2.9 L。加注完成后，检查自动变速器油面高度，冷车时，油面高度应在COOL位处。

自动变速器油	
作用	• 通过液力变矩器将发动机动力传递给变速器； • 通过电控、液控系统传递压力和运动，完成对各换挡元件的操纵； • 冷却，将变速器中的热量带出传递给冷却介质； • 润滑，对行星齿轮机构和摩擦副强制润滑； • 清洁运动零件并起密封作用
性能指标	• 适当的黏度； • 良好的热氧化安定性； • 良好的抗泡沫性； • 良好的抗磨性能； • 与系统中橡胶密封材料的匹配性好； • 良好的摩擦特性（换挡性能）； • 防腐（防锈）性能优良； • 贮存安定性优良
变质过程	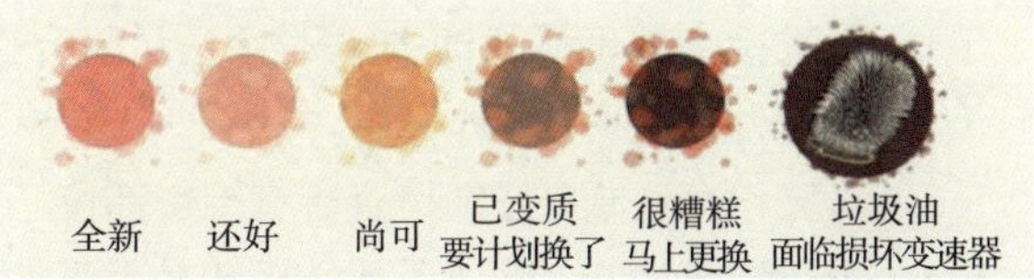
更换必要	• 变质挥发，加剧机械零件磨损，损坏变速器内部零件； • 冷车时可能会出现起步无力的现象； • 车辆在行驶过程中容易出现轻微的打滑等现象； • 变速器油会变浓，使变速器散热器受阻，致使油温过高，加剧磨损
更换周期	• 建议每40 000 ～ 60 000 km更换，理论上应该不过80 000 km； • 重力换油法无法更好地清除旧油，应相应地缩短换油周期； • 具体换油里程、换油方法、用油规格依据厂家维修手册规定进行

学习笔记

视频

2-1 检查自动变速器油位

学习笔记

（9）检查 ATF 油面高度。预热车辆至变速器处于正常的工作温度（70 ~ 80 ℃）时，发动机怠速运转，将变速杆从 P 位依次换入 L 位，并在各挡位置停留片刻，然后回到 P 位后，将变速器油尺拉出擦净，再插入检查油位是否在 HOT（热）范围内，如图 2-1-1 所示。

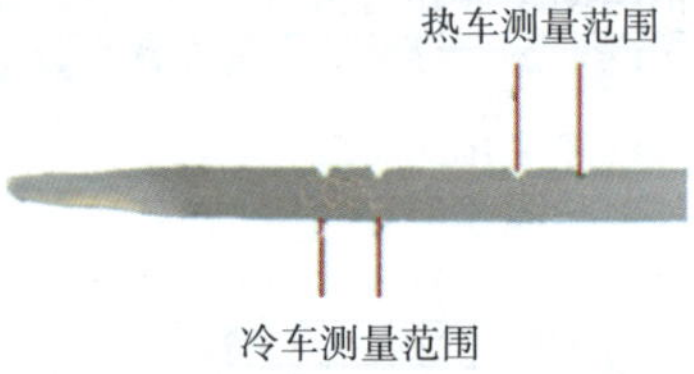

图 2-1-1　AT 变速器油齿液位

步骤四：最后检查

（1）再次检查并确认 ATF 加注是否适量与合格。

（2）检查外部是否泄漏。

（3）安装汽车底板，仔细检查所有维修部位。

（4）进行试车检查，确认各部件运转是否正常。

（5）关闭发动机舱。

步骤五：整理工位

（1）将更换耗材的包装回收至指定位置。

（2）将更换下来的旧件集中放置在指定位置，以便向顾客展示。根据相关法规处理旧 ATF。

（3）整理并清洁工具。

（4）整理并清洁场地。

（5）车间现场 5S 管理。

更换方式

名称	重力换油	自动循环机换油
图样		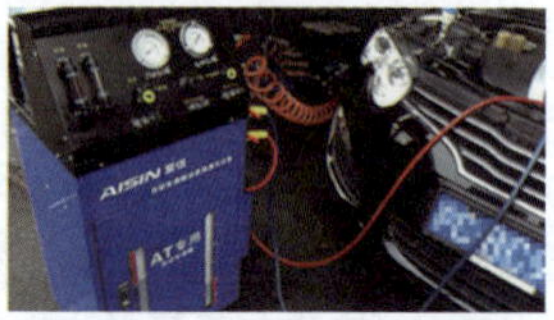
优点	操作方便，耗时少	• 效率高，能够换掉 85% 以上的旧油液； • 清洁自动变速器内部的油垢和金属屑
缺点	换油不彻底，只能放掉 1/4 ～ 1/3 的旧油	耗费时间较长，约需要 1 h
用油量	4 ~ 8 L	约 12 L

液面高度

加注不足	油液加注不足会使空气吸入自动变速器油泵入口，使自动变速器油压建立缓慢，并且液面的降低会造成换挡打滑，部件过早磨损或损坏
标准液位	自动变速器油的液面需要控制在控制阀以上，旋转件以下
加注过量	• 使变速器高速旋转的行星齿轮机构或其他部件搅动油液产生气泡，引起油液膨胀、沸腾，并从加油孔和放气阀向外窜油，窜出的油液与排气管接触引发火灾； • 使过多的空气侵入油液，还会引起液压控制阀上的排油孔产生气堵，排油不畅，导致换挡冲击； • 使旋转件接触油液形成搅动，产生气泡，带气泡的油进入油泵，使油泵无法建立起标准油压，会造成工作油压过低

学习笔记

任务测评

一、知识测评

确定本任务的关键词，按重要程度进行关键词排序并举例解读，然后根据自己对重要信息捕捉、排序、表达、创新和划分权重的能力进行自评，满分 100 分，见表 2-1-3。

表 2-1-3　更换自动变速器油知识测评表

序号	关键词	举例解读	评分自定
1			
2			
3			
4			
5			
总分			

二、能力测评

对表 2-1-4 所列作业内容，操作规范即得分，操作错误或未操作即零分。

表 2-1-4　更换自动变速器油能力测评表

序号	能力点	配分	得分
1	使用举升机升降车辆	10	
2	能正确检查制动变速器壳体外部是否有渗漏	20	
3	能正确对于自动变速器的渗漏进行修复处理	20	
4	能正确更换 ATF	30	
5	能正确检查自动变速器油的油量	20	
总分		100	

三、素养测评

对表 2-1-5 所列素养点，做到即得分，未做到即零分。

表 2-1-5　更换自动变速器油素养测评表

序号	素养点	配分	得分
1	设备和工具安全检查	20	
2	车辆安全防护	20	
3	工具清洁、校准、存放	20	
4	工量辅具、零部件、油水液体“三不落地”	20	
5	工位 5S	20	
总分		100	

四、拓展训练

（1）请列举出长期不更换自动变速器油变速器易出现哪些现象？分析产生问题的原因并制定解决问题的措施。（满分 25 分）

（2）现发现，自动变速器油更换后换挡顿挫比更换前更加明显，试找出该故障的原因并说明修复方法。（满分 25 分）

（3）请按下列思维导图格式（见图 2-1-2），对更换自动变速器油的学习收获进行总结。（满分 50 分）

图 2-1-2　更换自动变速器油思维导图

学习笔记

任务二　更换转向助力油

职业行动

步骤一：作业准备

1. 作业场地

选择带有消防设施且通风条件良好的作业场地。

2. 设备设施

2007 款卡罗拉 1.6 L/AT 轿车、工具车、零件车、压缩空气、车内四件套、翼子板布、前格栅布、举升机。

3. 工量辅具（见表 2-2-1）

表 2-2-1　更换转向助力油工量辅具

套筒扳手组合套具	预置力式扭力扳手	制动液抽液壶
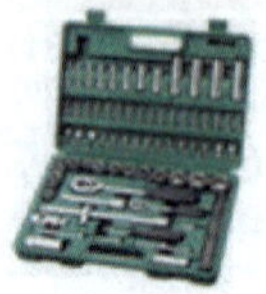		

4. 耗材（见表 2-2-2）

表 2-2-2　更换转向助力油所需耗材

转向助力油	清洁布	防护手套

职业知识

转向系统

组成	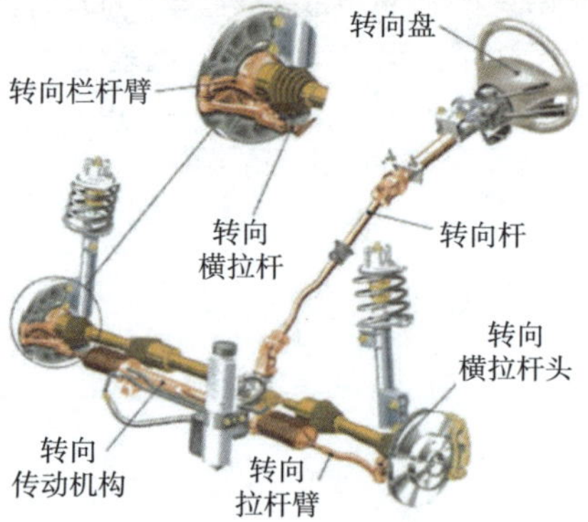
功用	• 把转向盘的旋转运动转换为车轮的转向运动； • 通过转向梯形产生不同的滑移角； • 增强（转换）转向盘上由手动力所产生的力矩

转向助力油

作用	• 转向缓冲； • 防锈防蚀； • 密封防漏
更换周期	• 60 000 ～ 80 000 km 更换； • 依据驾驶员驾驶体验决定提前或延后； • 具体以车主手册为准

以人为本，安全第一。

步骤二：车辆准备

（1）检查车辆停放位置是否到位，如果不到位需要重新调整。

（2）布置车辆防护护垫、转向盘套、脚垫、变速杆套等保护用品。

（3）关闭发动机，打开发动机舱盖。

步骤三：更换转向助力油

（1）拧开助力油壶盖子。

（2）用抽油机将储油罐里面的旧油抽干净，如图 2-2-1 所示。

图 2-2-1　抽出旧的转向助力油

（3）将新油加注到抽干净旧油的储液罐中并盖上盖子。

（4）起动发动机后来回转动转向盘，左右转动（左右各十次）转向盘，每次转动到极限（俗称打死转向盘）助力油通过助力泵的传动，将油液传递到左右油缸中，以达到清洗系统的目的。

（5）关闭发动机，并打开助力油储油罐，用抽油机再次将储油罐中的油抽干净，如图 2-2-2 所示。

图 2-2-2　抽出旧的转向助力油

（6）再次加注新油到上下刻度中间即可。

（7）按照（3）～（6）步重复 1～2 次，可将系统中的旧油基本上更换干净，大概需要使用 2 L 转向助力油。

步骤四：最后检查

（1）再次检查并确认转向助力油加注是否适量与合格。

（2）检查外部是否泄漏。

（3）安装汽车底板，仔细检查所有维修部位。

（4）进行试车检查，确认各部件运转是否正常，并关闭发动机舱。

动力转向系统

名称	缩写	图例
液压助力转向系统	HPS	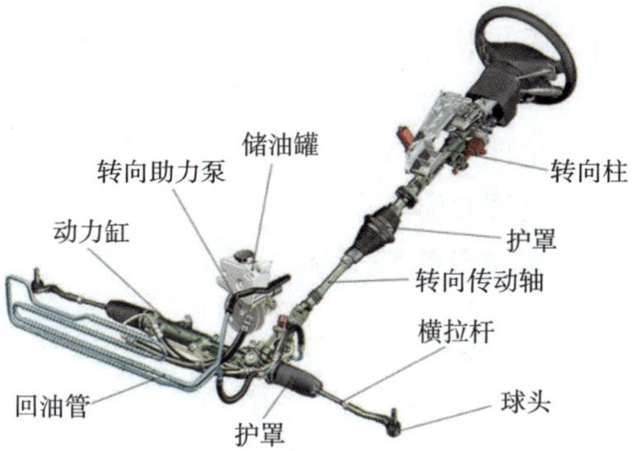
电子液压助力转向系统	EHPS	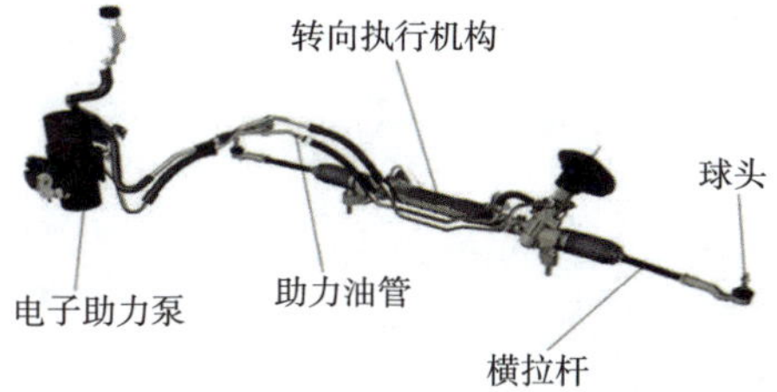
电子助力转向系统	EPS	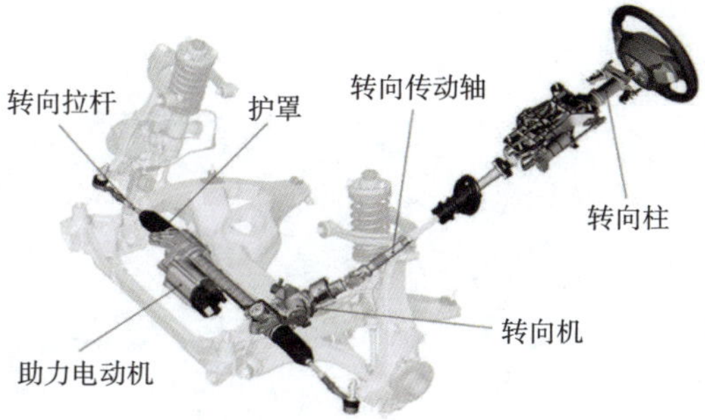

学习笔记

视频

2-2 检查转向助力油液位

学习笔记

步骤五：整理工位

（1）将更换耗材的包装回收至指定位置。

（2）将更换下来的旧件集中放置在指定位置，以便于向顾客展示。根据相关法规处理旧转向助力油。

（3）整理并清洁工具。

（4）整理并清洁场地。

（5）车间现场 5S 管理。

齿条式转向器

作用方式	转向盘的旋转运动由转向杆传递到小齿轮上。通过小齿轮在齿条上的啮合滚压，齿条做径向运动	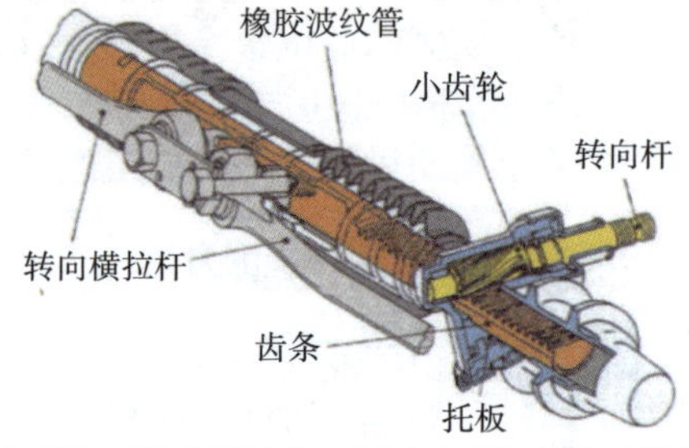

以人为本，安全第一。

学习笔记

任务测评

一、知识测评

确定本任务的关键词，按重要程度进行关键词排序并举例解读，然后根据自己对重要信息捕捉、排序、表达、创新和划分权重的能力进行自评，满分 100 分，见表 2-2-3。

表 2-2-3　更换转向助力油知识测评表

序号	关键词	举例解读	评分自定
1			
2			
3			
4			
5			
总分			

二、能力测评

对表 2-2-4 所列作业内容，操作规范即得分，操作错误或未操作即零分。

表 2-2-4　更换转向助力油能力测评表

序号	能力点	配分	得分
1	车辆准备	10	
2	抽出旧的转向助力油	20	
3	添加新的转向助力油	20	
4	正确清洗转向助力油管路	30	
5	添加并检查转向助力油的油量	20	
总分		100	

三、素养测评

对表 2-2-5 所列素养点，做到即得分，未做到即零分。

表 2-2-5　更换转向助力油素养测评表

序号	素养点	配分	得分
1	设备和工具安全检查	20	
2	车辆安全防护	20	
3	工具清洁校准存放	20	
4	工量辅具、零部件、油水液体“三不落地”	20	
5	工位 5S	20	
总分		100	

四、拓展训练

（1）请列举出长期不更换转向助力油易出现哪些现象，分析产生问题的原因并制定解决问题的措施。（满分 25 分）

（2）现发现，更换转向助力油之后，转向盘反而变沉了。试制定检修流程并进行检修。（满分 25 分）

（3）请按下列思维导图格式（见图 2-2-3），对更换转向助力油的学习收获进行总结。（满分 50 分）

图 2-2-3　更换转向助力油思维导图

学习笔记

任务三　更换整车制动液

职业行动

步骤一：作业准备

1. 作业场地

选择带有消防设施且通风条件良好的作业场地。

2. 设备设施

2007 款卡罗拉 1.6 L/AT 轿车、工具车、零件车、压缩空气、车内四件套、翼子板布、前格栅布、举升机。

3. 工量辅具（见表 2-3-1）

表 2-3-1　更换整车制动液工量辅具

套筒扳手组合套具	预置力式扭力扳手	手动真空泵及引流管	制动液检测仪
			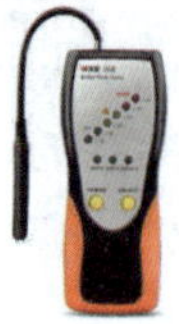

4. 耗材（见表 2-3-2）

表 2-3-2　更换整车制动液所需耗材

制动液	清洁布	防护手套
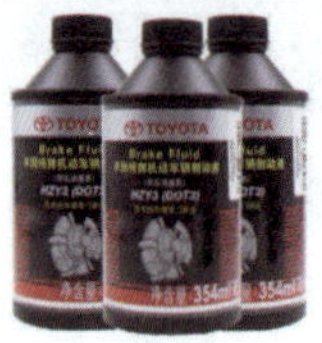		

职业知识

表制动系统

组成	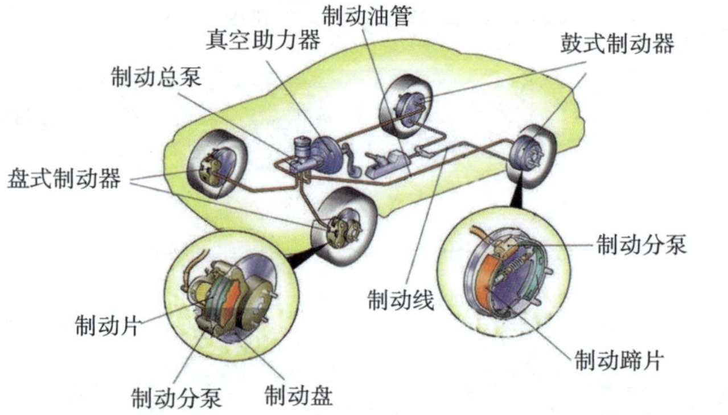
功用	• 使行驶中的汽车按照驾驶员的要求强制减速甚至停车； • 使已停驶的汽车在各种道路条件下（含坡道）稳定驻车； • 使下坡行驶的汽车速度保持稳定
工作原理	• 踩踏制动踏板，液压系统将对制动液进行加压； • 通过制动总泵加压后的制动液注入前后四个制动分泵； • 制动分泵的活塞受到制动液的力而运动，推动制动片夹紧制动盘
常见制动系统类型	• 行车制动系统：使行驶中的车辆降低速度甚至停车； • 驻车制动系统：使已停驶的车辆驻留原地不动； • 应急制动系统：行车制动系统失效后，使车辆能够实现减速或停车； • 辅助制动系统：在行车过程中，降低车速或保持车速稳定

业精于勤，荒于嬉；行成于思，毁于随。

步骤二：检查制动液

（1）将车辆停放在作业区域。

（2）布置车辆防护护垫、转向盘套、脚垫、变速杆套等保护用品。

（3）打开发动机舱盖，轻轻晃动制动液储液罐，观察液位是否在高位（MAX）和低位（MIN）之间，如图 2-3-1 所示。若制动液低于 MIN 线，则需要检查制动液是否泄漏或制动器衬块是否磨损。

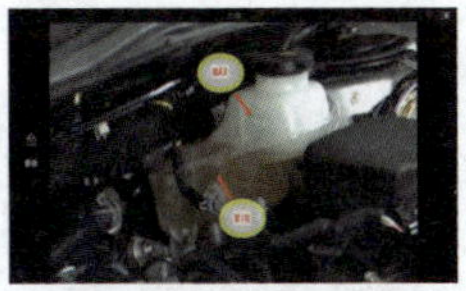
图 2-3-1　检查制动液液位

（4）旋松并取下制动液储液罐盖，打开制动液检测笔开关，将制动液检测笔的探头插入到制动液中，观察制动液检测笔指示灯，若红灯亮，则需更换制动液，如图 2-3-2 所示。

图 2-3-2　检查制动液含水量

步骤三：更换制动液

1. 排放制动液

（1）打开制动储液罐加液口盖，取出滤网。

（2）连接手动真空泵，将制动储液罐内的制动液抽干净。

图 2-3-3　加注制动液

2. 加注制动液

（1）检查新的制动液的牌号是否正确，正确牌号为 SAE J1703 或 FMVSS No.116 DOT3。

（2）安装过滤网，并将制动液加注到储液罐中，直到制动液位到 MAX 处，如图 2-3-3 所示。

图 2-3-4　拆卸车轮

3. 拆卸车轮

盖上储液罐加注口盖，拆卸车轮，如图 2-3-4 所示。

表 2-3-4　制动液

作用	• 传递动力； • 润滑制动系统的运动件； • 防止与制动液接触的金属件腐蚀生锈		
类型	DOT3	DOT4	DOT5.1

使用性能	• 高温抗气阻性：具有高沸点、低挥发性，夏天不易产生气阻； • 低黏度：能够在较宽的温度范围内保持低黏度； • 适应性：不会对橡胶件造成显著的溶胀、软化或硬化等不良影响； • 金属腐蚀性：不引起金属腐蚀； • 稳定性：高温稳定性和化学稳定性		
更换周期	• 每 40 000 km 或每 2 年左右检查一次； • 制动迟缓或忽重忽轻需要检查； • 沸点低于 180℃需要检查； • 不同车型制动液的更换周期不一样，具体以车主手册为准		
更换必要	• 制动液具有很强的吸水特性，长时间不更换会腐蚀制动系统； • 制动液吸水后，沸点降低，易造成制动液压力不足，影响制动效果		

制动液含水量检测	
原理	通过检测电导率来测定制动液的含水量
工具	制动液检测仪（制动液检测笔）
指示灯含义	• 绿光表示状态良好； • 绿光＋黄光表示状态尚可，但快要更换了，需定期检查； • 绿光＋黄光＋红光表示制动油需要立即更换

学习笔记

视频　2-3 检查制动液液位

视频　2-4 制动液要求

学习笔记

4. 排放制动液

（1）清洁放气螺栓周围油污并取下放气螺栓帽。

（2）将梅花扳手放入放气螺栓处，并将手动真空泵连接到放气螺栓，如图 2-3-5 所示。

（3）拧松放气螺栓，用手动真空泵抽取制动液直至新制动液流出。

（4）使用工具拧紧放气螺栓，并取下手动真空泵连接管。

（5）依次排放 4 个制动分泵中的制动液，如图 2-3-6 所示。

5. 添加新的制动液

旧的制动液排放完毕后添加新的制动液。

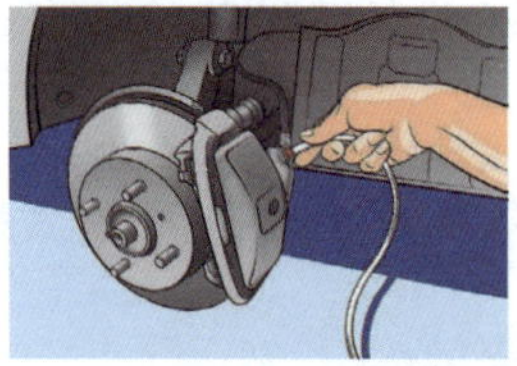

图 2-3-5　放气螺栓的拆卸

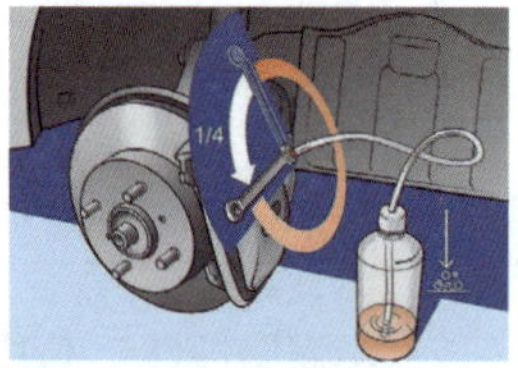

图 2-3-6　排放制动液

步骤四：制动系统排放空气

1. 检查变速杆、驻车制动杆，起动发动机

检查变速杆是否处于 P 位，驻车制动杆是否拉紧。起动发动机保持怠速运行状。

2. 制动系统空气排放流程

（1）将梅花扳手放至轮缸放气螺栓处，然后将塑料管一端放至放气螺栓上，另一端放至制动液回收容器中。

（2）踩制动器踏板 5～6 次，然后踩住制动踏板，如图 2-3-7 所示。

（3）旋松放气螺栓并观察制动液的流出情况。

（4）按上述步骤操作数次直至排出的制动液中无气泡。

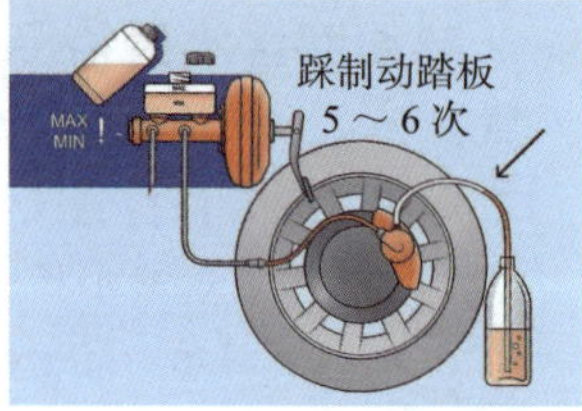

图 2-3-7　制动系统排放空气

视频

2-5 加注制动液

制动液更换

	人工换油	机器换油
更换方式		
排放顺序	由远到近，先从离制动液容器最远的一侧的制动器开始更换排气	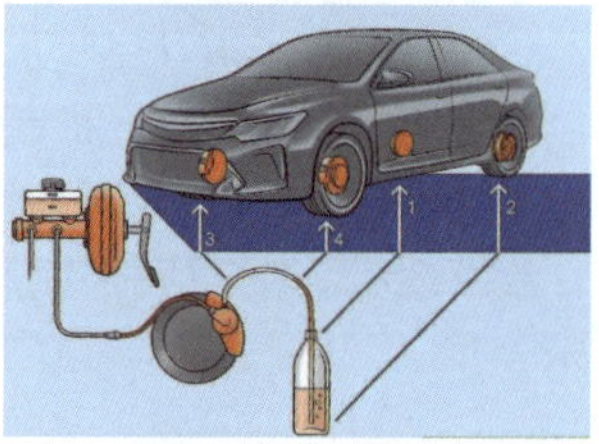
完成标准	添加新的制动液后，要等到软管中没有气泡产生才算正确地更换完成。如果有气泡，需要排放至没有气泡为止	

制动器

名称	鼓式制动器	盘式制动器
图样	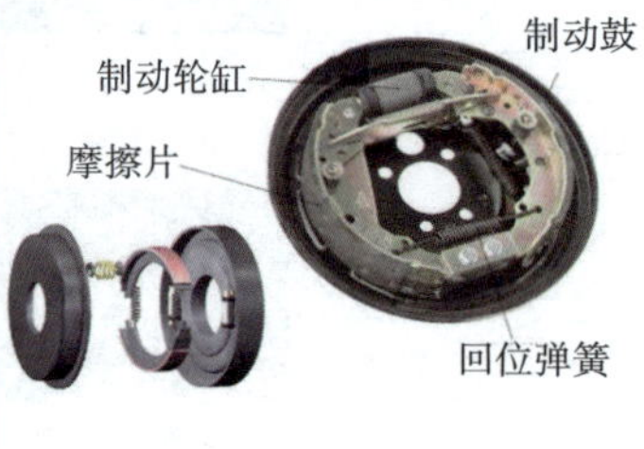	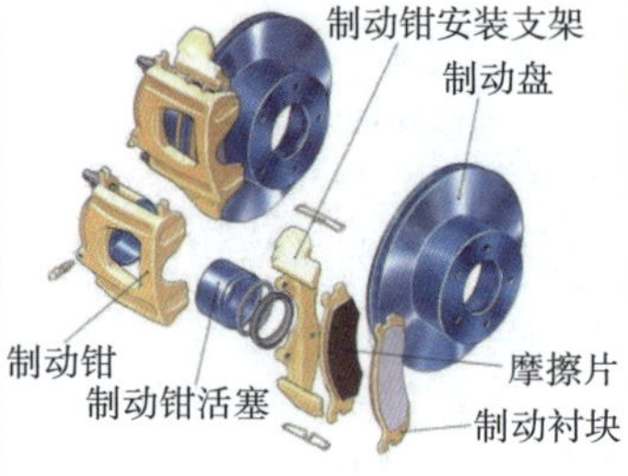

业精于勤，荒于嬉；行成于思，毁于随。

（5）旋紧放气螺栓，并松开制动踏板。

（6）清洁放气螺栓周围并选用套筒、扭力扳手紧固放气螺栓。

（7）检查制动储液罐的液位，必要时添加制动液。

步骤五：最后检查

（1）再次检查制动液液位。检查制动储液罐的制动液液位是否在 MAX 和 MIN 之间，必要时进行调整，如图 2-3-8 所示。

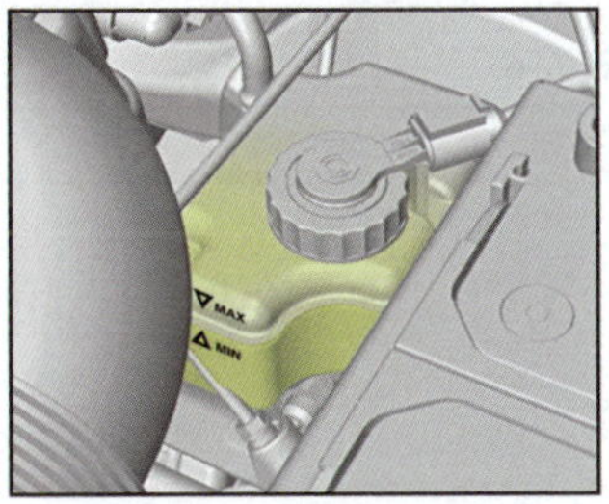

图 2-3-8　检查制动液液位

（2）检查外部是否泄漏。

（3）仔细检查所有维修部位，关闭发动机舱。

（4）最后进行试车检查，确认各部件运转是否正常。

步骤六：整理工位

（1）将更换耗材的包装回收至指定位置。

（2）将更换下来的旧件集中放置在指定位置，以便于向顾客展示。根据相关法规处理旧制动液。

（3）整理并清洁工具。

（4）整理并清洁场地。

（5）车间现场 5S 管理。

制动系统扩展功能

功能名称	作用	示意图
防抱死制动系统（ABS）	使车轮不被抱死，以保证车轮与地面的附着力在最大值	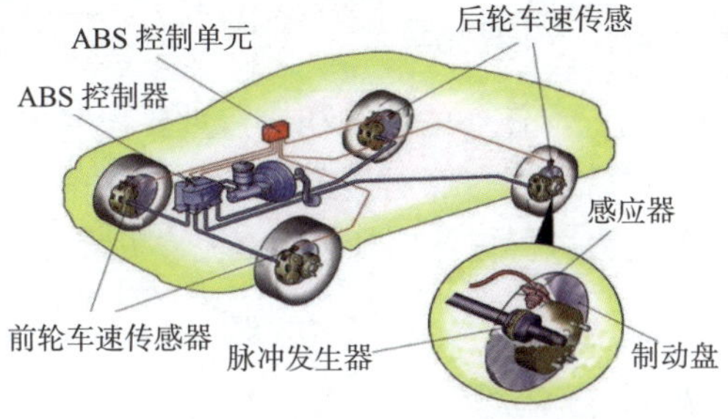
车身电子稳定系统（ESP）	在紧急躲避障碍物或转弯时出现不足转向或过度转向时，使车辆避免偏离理想轨迹	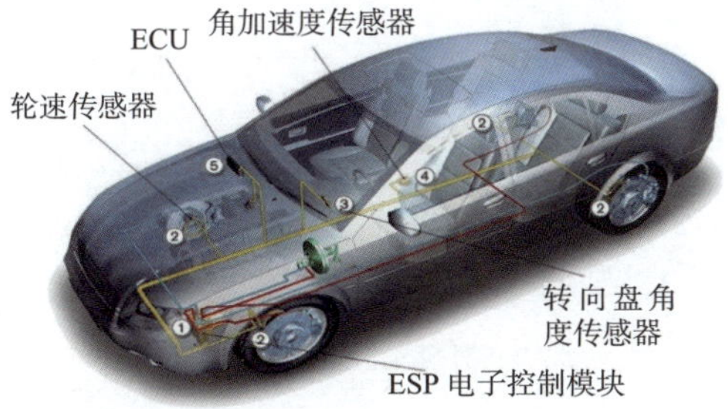
紧急制动辅助系统（EBA）	实现车辆的线控制动功能，能够在紧急情况下快速提高制动力	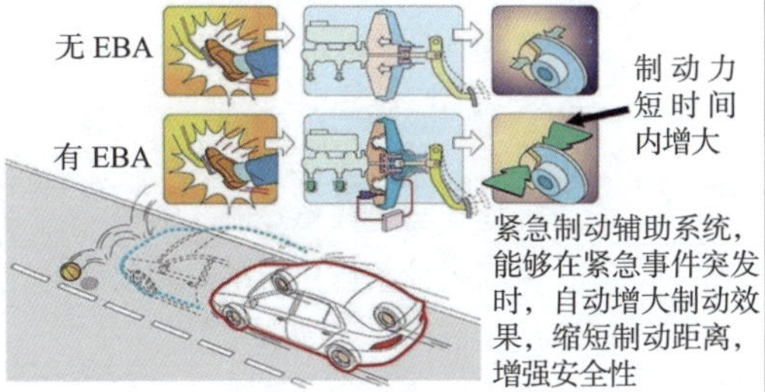

学习笔记

学习笔记

任务测评

一、知识测评

确定本任务的关键词，按重要程度进行关键词排序并举例解读，然后根据自己对重要信息捕捉、排序、表达、创新和划分权重的能力进行自评，满分 100 分，见表 2-3-3。

表 2-3-3　更换制动液知识测评表

序号	关键词	举例解读	评分自定
1			
2			
3			
4			
5			
总分			

二、能力测评

对表 2-3-4 所列作业内容，操作规范即得分，操作错误或未操作即零分。

表 2-3-4　更换制动液能力测评表

序号	能力点	配分	得分
1	能正确检查与更换整车制动液	20	
2	能正确描述检查与更换整车制动液的注意事项	20	
3	能正确排放整车制动液	20	
4	能正确添加整车制动液	20	
5	能正确描述排放与添加整车制动液的注意事项	20	
总分		100	

三、素养测评

对表 2-3-5 所列素养点，做到即得分，未做到即零分。

表 2-3-5　更换制动液素养测评表

序号	素养点	配分	得分
1	设备和工具安全检查	20	
2	车辆安全防护	20	
3	工具清洁校准存放	20	
4	工量辅具、零部件、油水液体“三不落地”	20	
5	工位 5S	20	
总分		100	

四、拓展训练

（1）请列举出长期不更换制动液易出现哪些现象，分析产生问题的原因并制定解决问题的措施。（满分 25 分）

（2）更换制动液后，连续踩下制动踏板后依然软绵无力，制动踏板逐次升高，升高后踩下不动并感到有弹力，试分析原因并制定检修流程进行检修。（满分 25 分）

（3）请按下列思维导图格式（见图 2-3-9）对更换整车制动液的学习收获进行总结。（满分 50 分）

图 2-3-9　更换整车制动液思维导图

业精于勤，荒于嬉；行成于思，毁于随。

学习笔记

任务四　更换制动片

职业行动

步骤一：作业准备

1. 作业场地

选择带有消防设施且通风条件良好的作业场地。

2. 设备设施

2007 款卡罗拉 1.6 L/AT 轿车、工具车、零件车、压缩空气、车内四件套、翼子板布、前格栅布、举升机。

3. 工量辅具（见表 2-4-4）

表 2-4-1　更换制动片工量辅具

套筒扳手组合套具	预置力式扭力扳手	制动液抽液壶	千分尺

4. 耗材（见表 2-4-2）

表 2-4-2　更换制动片所需耗材

制动片	清洁布	防护手套
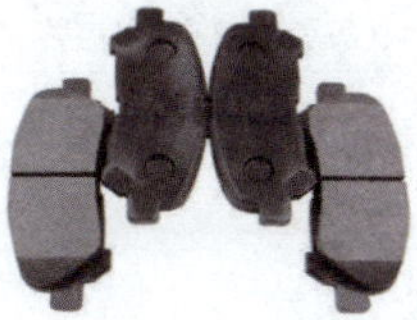		

职业知识

制动器

类型及组成	鼓式制动器	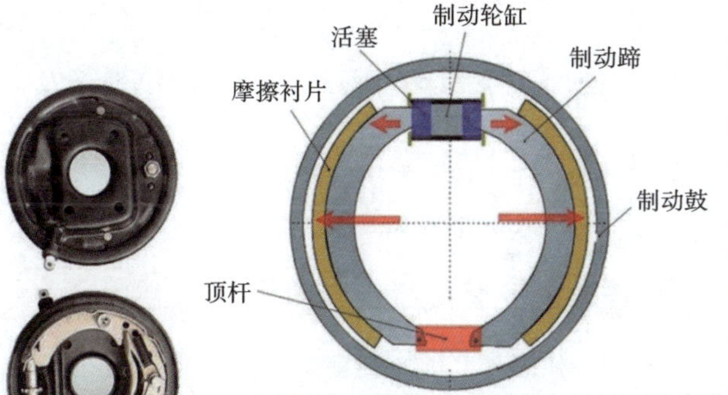 在踩下制动踏板时，制动轮缸的活塞推动摩擦衬片向外运动，使摩擦衬片与制动鼓的内面发生摩擦，以达到减低车速的目的
	盘式制动器	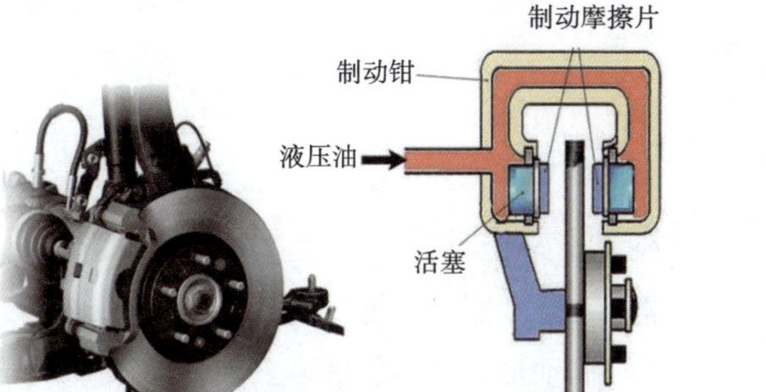 盘式制动器主要通过施加在制动钳上的压力，通过摩擦片夹住旋转的制动盘

视频

2-6 检查盘式制动器

学习笔记

视频

2-7 安装制动块

视频

2-8 检查与调整制动踏板行程

步骤二：拆卸钳盘式制动片

（1）将车辆停放在作业区域。

（2）布置车辆防护护垫、转向盘套、脚垫、变速杆套等保护用品。

（3）拆下前车轮并放置于轮胎架上。

（4）将转向盘旋转至便于制动分泵拆装一侧。

（5）使用一字螺丝刀轻微撬动制动分泵，并断开制动片报警器插接器。

（6）使用一字螺丝刀将制动分泵回位弹簧及导向杆防尘帽取下。

（7）使用内六方扳手拆卸导向杆固定螺栓。

（8）取下制动分泵，并取下制动片。

步骤三：安装钳盘式制动片

（1）使用专用工具将制动分泵活塞顶回原位。

（2）将新的制动片安装在分泵支架的卡槽中。

（3）将制动分泵安装在分泵支架上。

（4）使用内六方扳手紧固导向杆固定螺栓至 30 N · m。

（5）连接制动片报警器插接器，并安装导向杆防尘帽及止动弹簧。

（6）将转向盘回正。

（7）安装并紧固轮胎。

步骤四：最后检查

（1）反复踩下制动踏板，直至感觉制动踏板变硬。

（2）将制动液加注至储液壶上限位置，并紧固储液壶该。

（3）仔细检查所有维修部位，关闭发动机舱。

（4）撤去翼子板布，并关闭机舱盖。

（5）进行试车检查，确认制动效果是否正常。

制动片

组成	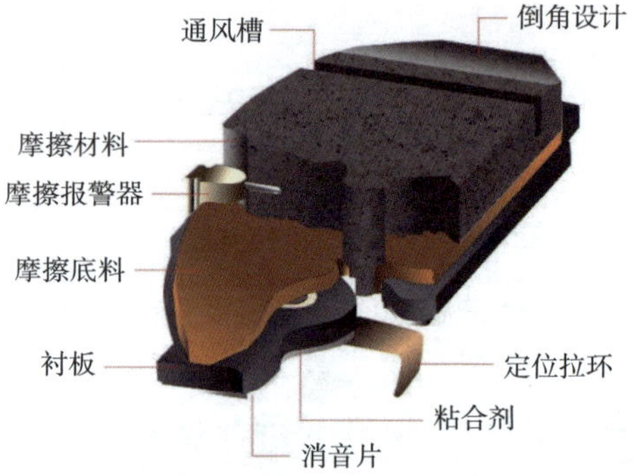
更换周期	• 制动警报器开始报警时需要更换； • 制动片摩擦材料厚度不足 1 mm 时需要更换； • 制动片被制动液或机油浸蚀过需要更换； • 前轮两侧或者同轴两轮的制动片摩擦不均匀时需要更换； • 制动片磨损指示器发出噪声时需要更换； • 建议前制动片 30 000 ～ 50 000 km 内更换； • 后制动片 50 000 ～ 70 000 km 内更换
更换必要	• 制动片属于消耗品，在使用中会逐渐磨损，当磨损到极限位置时，必须更换，否则将降低制动的效果，甚至造成安全事故； • 制动片关乎生命安全，必须谨慎对待

制动片检测

方法	• 测量制动片厚度； • 新的制动片厚度正常在 1.5 cm 左右
工具以及使用	• 目视判断； • 使用游标卡尺测量制动片的厚度

车行牵着你我他，安全系着千万家。

步骤五：整理工位

（1）将更换耗材的包装回收至指定位置。

（2）将更换下来的旧件集中放置在指定位置，以便于向顾客展示。

（3）整理并清洁工具。

（4）整理并清洁场地。

（5）车间现场 5S 管理。

旧件展示流程

旧件展示流程		责任人	监督人	检查方式
接收车辆 / 制作订单	询问并记录旧件处理方式	服务顾问	服务经理	现场检查 表单检查
车辆维修	进行维修 → 旧件包装 → 是否带走（是：放在车上；否：旧件展示架）	技师	车间主管	现场检查
质量控制 / 准备交车	检查旧件处理结果	服务顾问	服务经理	表单检查 / 现场检查
交车 / 结算	旧件展示	服务顾问	服务经理	现场检查
	回收处理旧件	清洁人员	车间主管	现场检查

学习笔记

学习笔记

任务测评

一、知识测评

确定本任务的关键词，按重要程度进行关键词排序并举例解读，然后根据自己对重要信息捕捉、排序、表达、创新和划分权重的能力进行自评，满分 100 分，见表 2-4-3。

表 2-4-3　更换制动片知识测评表

序号	关键词	举例解读	评分自定
1			
2			
3			
4			
5			
总分			

二、能力测评

对表 2-4-4 所列作业内容，操作规范即得分，操作错误或未操作即零分。

表 2-4-4　更换制动片能力测评表

序号	能力点	配分	得分
1	能正确检查制动片	20	
2	能正确描述检查与更换制动片的注意事项	20	
3	能正确拆卸钳盘式制动片	20	
4	能正确安装钳盘式制动片	20	
5	能正确评估钳盘式制动片更换效果	20	
总分		100	

三、素养测评

对表 2-4-5 所列素养点，做到即得分，未做到即零分。

表 2-4-5　更换制动片素养测评表

序号	素养点	配分	得分
1	设备和工具安全检查	20	
2	车辆安全防护	20	
3	工具清洁校准存放	20	
4	工量辅具、零部件、油水液体“三不落地”	20	
5	工位 5S	20	
总分		100	

四、拓展训练

（1）请列举出长期不更换制动片易出现哪些现象，分析产生问题的原因并制定解决问题措施。（满分 25 分）

（2）更换制动片后，连续踩下制动踏板后依然软绵无力，制动踏板逐次升高，升高后踏下不动并感到有弹力，试分析原因并制定检修流程进行检修。（满分 25 分）

（3）请按下列思维导图格式（见图 2-4-1），对更换制动片的学习收获进行总结。（满分 50 分）

图 2-4-1　更换制动片思维导图

车行牵着你我他，安全系着千万家。

学习笔记

任务五　检查轮胎动平衡

职业行动

步骤一：作业准备

1. 作业场地

选择带有消防设施且通风条件良好的作业场地。

2. 设备设施

2007 款卡罗拉 1.6 L/AT 轿车、工具车、轮胎动平衡仪、零件车、压缩空气、车内四件套、翼子板布、前格栅布、举升机。

3. 工量辅具（见表 2-5-1）

表 2-5-1　检查轮胎动平衡工量辅具

套筒扳手组合套具	预置力式扭力扳手	轮胎动平衡仪	平衡块铲刀
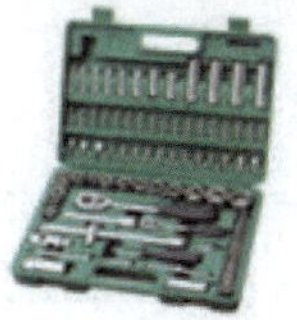			

4. 耗材（见表 2-5-2）

表 2-5-2　检查轮胎动平衡所需耗材

动平衡块	清洁布	防护手套

职业知识

车轮总成

作用	• 支撑整车质量； • 缓和由路面传来的冲击载荷； • 通过轮胎和路面之间的附着作用为汽车提供驱动力和制动力； • 产生平衡汽车转向离心力的侧向力，以便顺利转向，并通过轮胎产生的自动回正力矩，使车轮具有保持直线行驶的能力

车轮

组成		
类型	钢质车轮 	铝合金车轮 

视频

2-9 轮胎动平衡

学习笔记

步骤二：车轮准备

（1）将车辆停放在作业区域。

（2）布置车辆防护护垫、转向盘套、脚垫、变速杆套等保护用品。

（3）分别拆下 4 个车轮并清除轮胎胎面上的泥土、嵌在胎纹中的泥土和石子及扎在轮胎上的铁钉等异物，如图 2-5-1 所示。

（4）拆除轮胎上旧的平衡块。

（5）检查轮胎气压是否达标，不达标的要进行充放气使其达到标准值，如图 2-5-2 所示。

（6）检查轮胎磨损状况。

图 2-5-1　清除石子等异物

图 2-5-2　补充至标准胎压

步骤三：设置轮胎平衡仪参数

（1）打开机器的电源开关，平衡仪自检，自检完毕后默认“动平衡”测量选项。

（2）选择自己所需要的平衡模式。

（3）把车轮套在平衡轴上，靠近法兰盘；选择合适的定位锥套，用快锁螺母锁紧车轮，如图 2-5-3 所示。

图 2-5-3　安装固定轮胎

（4）输入车轮数据。将测量尺拉至轮胎安装平衡块的位置，读出测量尺上的数据，即车轮安装距离，然后按动面板上 A 旁边的“+”或“-”按钮，直至显示器中 A 值的显示值跟测量值一致。

视频

2-10 轮胎保养检查的认识

轮胎	
斜交轮胎	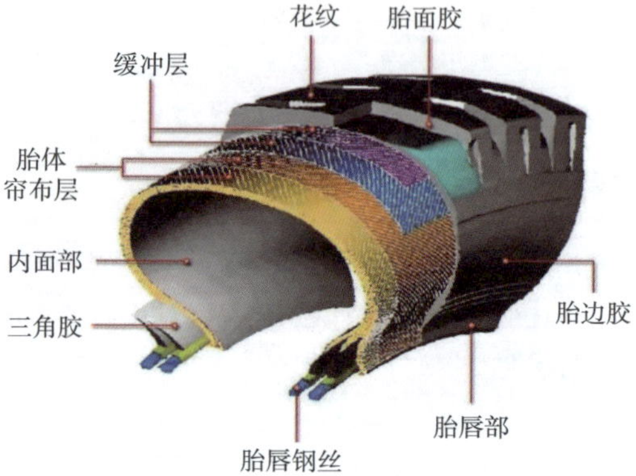
子午线轮胎	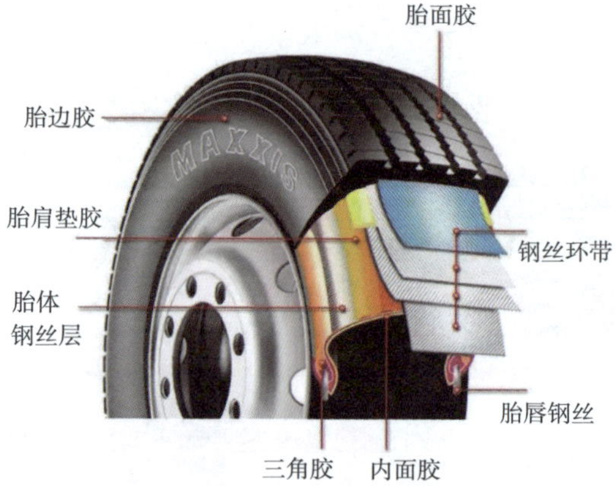
更换周期	• 正常车况：50 000 ～ 80 000 km 根据实际情况选择是否更换； • 轮胎老化出现小裂纹，必须更换； • 胎面变形、胎圈损伤、轮胎鼓包必须更换； • 轮胎花纹所剩沟槽深度达到或低于 1.6 mm，必须更换

汽车医生，德技并修。

（5）用附件中宽度测量尺量出轮辋对边宽度，然后按动面板上 L 旁边的“+”或“-”按钮，直至显示器中 L 值的显示值跟测量值一致，如图 2-5-4 所示。

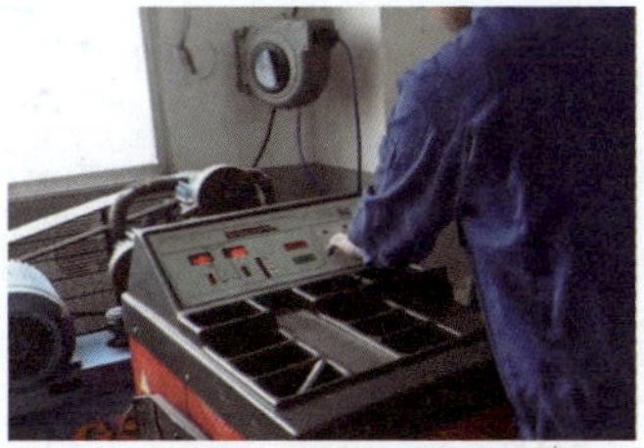

图 2-5-4　调整平衡仪数据

（6）找到轮胎上标记的名义直径 d,然后按动面板上 D 旁边的“+”或“-”按钮，直至显示器中 D 值的显示值跟 d 值一致。

步骤四：轮胎平衡仪操作

（1）放下轮罩,车轮自动旋转,7 s 后机器自动停止,如图 2-5-5 所示。

（2）机器停止后，显示器显示的数值为轮胎的不平衡值。

（3）用手转动车轮，面板上定位灯不停地闪动，当其中一组指示灯全亮时，表示轮辆最高点位置为不平衡点，其中左侧定位灯对应内侧不平衡点，右侧定位灯对应外侧不平衡点。

（4）在轮辆不平衡点处装上与显示器测得数值的相应的动平衡块，如图 2-5-6 所示。重复之前的操作步骤，直至左右两侧的显示器均显示“00”。

（5）从平衡旋转轴上卸下车轮，操作程序结束。

图 2-5-5　运行检测

图 2-5-6　安装平衡块

轮胎（续）

规格含义

轮胎花纹

作用

- 排水效果；
- 提高操纵性和稳定性；
- 增加轮胎的制动力、驱动力及牵引力；
- 轮胎的散热效果

分类

无花纹	单导向花纹	非对称花纹	全对称花纹

条形花纹	块状花纹	羊角花纹	混合花纹

学习笔记

学习笔记

步骤五：整理工位

（1）测试结束，切断电源，从传动轴上取下车轮总成。
（2）按照指定位置，依次将四个轮胎装回。
（3）整理并清洁工具。
（4）整理并清洁场地。
（5）车间现场 5S 管理。

备胎

全尺寸备胎	全尺寸备胎的规格大小与原车其他四条轮胎完全相同，可以将其替换任何一条暂时或已经不能使用的轮胎	
非全尺寸备胎	备胎的轮胎直径和宽度都要比其他四条轮胎略小，因此只能作为临时代替使用，而且只能用于非驱动轮，并且最高时速不能超过 80 km	

汽车医生，德技并修。

学习笔记

任务测评

一、知识测评

确定本任务的关键词，按重要程度进行关键词排序并举例解读，然后根据自己对重要信息捕捉、排序、表达、创新和划分权重的能力进行自评，满分 100 分，见表 2-5-3。

表 2-5-3　检查轮胎动平衡知识测评表

序号	关键词	举例解读	评分自定
1			
2			
3			
4			
5			
总分			

二、能力测评

对表 2-5-4 所列作业内容，操作规范即得分，操作错误或未操作即零分。

表 2-5-4　检查轮胎动平衡能力测评表

序号	能力点	配分	得分
1	能正确检查轮胎工况	20	
2	能正确描述轮胎动平衡作业的注意事项	20	
3	能正确设置轮胎平衡仪参数	20	
4	能正确操作轮胎平衡仪	20	
5	能正确评估动平衡效果	20	
总分		100	

三、素养测评

对表 2-5-5 所列素养点，做到即得分，未做到即零分。

表 2-5-5　检查轮胎动平衡素养测评表

序号	素养点	配分	得分
1	设备和工具安全检查	20	
2	车辆安全防护	20	
3	工具清洁、校准、存放	20	
4	工量辅具、零部件、油水液体“三不落地”	20	
5	工位“5S”	20	
总分		100	

四、拓展训练

（1）请列举出更换雪地胎后不做轮胎动平衡会导致车辆在行驶过程中出现哪些现象，分析产生问题的原因并制定解决问题的措施。（满分 25 分）

（2）做了轮胎动平衡之后，车辆在行驶过程中依然有行驶跑偏现象，试分析原因并制定检修流程进行检修。（满分 25 分）

（3）请按下列思维导图格式（见图 2-5-7），对轮胎动平衡的学习收获进行总结。（满分 50 分）

图 2-5-7　检查轮胎动平衡思维导图

学习笔记

学习考评

一、成果描述

根据所学，请对 2007 款卡罗拉 1.6 L/AT 轿车底盘系统进行保养作业，完成考评报告。

二、实施准备

1. 学生准备

学生按照教学进度计划，已经完成了以下学习任务并达到了 75 分以上，可进行该学习考评的实施。

（1）理解并完成学习考评需要的相关知识和方法的学习，得分大于 75 分。

（2）运用学习考评需要的相关知识和方法进行作业，得分大于 75 分。

（3）按时、按质、按量完成相应作业，得分大于 80 分。

（4）具有自觉遵守技术标准和要求规定、规范操作、安全、环保、5S 作业、团结协作的好习惯，得分大于 80 分。

（5）能制定 2007 款卡罗拉 1.6 L/AT 轿车底盘系统保养方案。

2. 教师准备

（1）在安排学生实施学习考评前，通过课堂问题研讨、作业、实训和考核及其他方式，确认学生已经具备了实施学习考评所需的知识、技能和素养，并确保学生在安全状态下独立进行。

（2）对协助教师进行测评的学生进行测评和监督方法的培训，确保测评结果的准确性和公平性。

（3）准备好测评记录。

三、验证方法与标准

（1）每位测评人员负责对 2 名学生进行定点、全过程的监控和测评。

（2）详细记录学生在实施学习考评过程中的相关信息、数据、结果、操作方法、完成时间，以及出现错误、事故等情况。

（3）学习考评的作业过程和数据记录等，要求在 60 min 内完成。如果时间不足，可在即将结束时，口述剩余部分的作业方法。

（4）考核内容及评价标准如下表所示。

序号	评分项	得分条件	评分标准	配分	扣分
1	安全/5S/态度	□（1）能进行工位 5S 操作； □（2）能进行设备和工具安全检查； □（3）能进行车辆安全防护操作； □（4）能进行工具清洁校准存放操作； □（5）能进行三不落地操作	未完成 1 项扣 3 分，扣分不得超 15 分	15	
2	专业技能能力	□（1）能够规范地对自动变速器油进行更换作业； □（2）能够规范地对转向液进行更换； □（3）能够规范地对制动液进行更换； □（4）能够更规范地对制动片进行更换； □（5）能够规范地进行轮胎动平衡作业	未完成 1 项扣 5 分，扣分不得超 50 分	50	
3	工具及设备的使用能力	□（1）能正确选用维修工具； □（2）能正确使用维修工具拆装； □（3）能正确使用测量工具； □（4）能正确使用专用工具； □（5）能熟练使用办公软件	未完成 1 项扣 5 分，扣分不得超 10 分	10	
4	资料、信息查询能力	□（1）能正确使用维修手册查询资料； □（2）能正确使用用户手册查询资料； □（3）能在规定时间内查询所需资料； □（4）能正确记录查询资料章节页码； □（5）能正确记录所需维修信息	未完成 1 项扣 2 分，扣分不得超 10 分	10	

续表

序号	评分项	得分条件	评分标准	配分	扣分
5	数据判读和分析能力	□（1）能判断变速器油液是否需要更换； □（2）能判断转向液是否需要更换； □（3）能判断制动液是否需要更换； □（4）能判断制动片是否需要更换； □（5）能判断轮胎是否需要进行动平衡作业	未完成1项扣5分，扣分不得超10分	10	
6	表单填写与报告的撰写能力	□（1）字迹清晰； □（2）语句通顺； □（3）无错别字； □（4）无涂改； □（5）无抄袭	未完成1项扣1分，扣分不得超5分	5	
合计				100	

四、考评报告

学习笔记

说明：考评分为理论考评和实操考评，理论考评根据项目要求以及考评模板格式制定项目实施方案，方案经老师审核合格后，方可进行实操考评。考评报告模板详见附录A。

学习笔记

拓展阅读——汽车保养陷阱

汽车维修行业逐步在规范，但不规范的报道时有耳闻，因此，在行业自律还不够强的时候，车主也需要静下心来学一点汽车保养常识，具备一点分辨保养陷阱的能力，不仅可以少花冤枉钱，更可以对安全行车提供更好地保障。保养陷阱有很多，这里讲一下常见的四大陷阱，看一看你了解多少。

一、替换受损轮胎

轮胎受损是汽车最常见的损伤，绝大部分都是被道路上的钉子、玻璃之类尖锐的东西扎破的。如果遇到这种状况，在换上备胎之后应该是带着被扎破的轮胎去专业轮胎店进行修补，有的修理工为了多赚钱，以安全为名，对于明明补胎就可以的受损轮胎，建议车主换新胎。

注意：除非是轮胎侧面被割破了，无法修补，否则无须换新轮胎。

二、更换散热器冷却液

散热器冷却液不是每一个车主都了解，我们去4S店或维修保养店做常规机油更换，有些维修工就会建议顺便把冷却液也换一下。发动机散热器使用的冷却液就是水和防冻液的混合物，这种冷却液的降解方式和机油是不一样的，自然更换频率也不同。除非散热器里的冷却液被污染了，或者是汽车里程超过100 000 km还没有换过冷却液，这两种情况下需要进行更换，平时不需要更换。

三、一起更换四滤

很多车主在保养时一起更换四滤，其实在这四滤中，除了机油滤芯和机油一定要按行车里程进行更换外，像空气滤芯、汽油滤芯、空调滤芯等不一定每次都要更换，车主可以根据自己的行车路况，需要维修站的工作人员检查确定是否需要更换。

以空气滤清器为例，有人说每隔15 000 km换一次，或者说每隔20 000 km换一次，说法不一。其实这也没有什么定论，空气滤清器的更换与环境有很大的关系，与空气滤清器吸入的灰尘、沙粒数量的多少有很大的关系，同一辆车在城市和灰尘浓度较大的乡村使用，更换空气滤清器的时限是不同的。有时，空气滤清器取下来吹一吹将灰尘清除安上可以继续使用，无须更换。

四、以旧抵新

以旧抵新，即把修复件（主要是一些废弃部件）重新打磨、喷漆成“新”的，偷偷将旧件安装到车辆上，却对车主谎称是崭新部件，收取车主新件的价钱。而用修复件或者旧件冒充新件，这种恶劣做法对安全行车构成重大威胁。因此，在维修车辆时换下了维修件，建议车主务必带走，以免被不法维修厂用来以旧代新危害消费者。

思考：我们要坚决抵制各种汽车保养维修过程中的不法行为，努力做一名诚信守法技艺精湛的汽车医生。请搜集资料，列出不低于20个汽车保养陷阱，多提醒车主注意，以我们的努力为汽车维修行业自律做一份贡献。

学习笔记

学习笔记

项目三　维护保养汽车辅助系统

学习笔记

一、项目描述

对 2007 款卡罗拉 1.6 L/AT 轿车传动系统进行保养作业。

二、项目要求

符合 2007 款卡罗拉轿车技术要求与标准，正确使用工具，完成如下保养作业：

（1）更换刮水器。

（2）清洗空调蒸发箱。

三、学习目标

（1）能够规范地对刮水器进行更换作业。

（2）能够规范地对空调蒸发器进行清洗作业。

（3）能够养成自觉遵守技术标准和要求规定、规范操作、安全、环保、5S 作业的好习惯。

四、学习载体

夏天到了，天气炎热，雨水增多。现有一辆行驶里程达到 120 000 km 的 2007 款卡罗拉 1.6 L/AT 轿车来到了服务站，向售后服务顾问反映车辆前风窗玻璃刮不干净及开空调时有异味，并要求协助解决。

经与车主交谈后确认，该车需更换刮水器并清洗蒸发器。

学习笔记

任务一　更换刮水器片

职业行动

步骤一：作业准备

1. 作业场地

选择带有消防设施且通风条件良好的作业场地。

2. 设备设施

2007 款卡罗拉 1.6 L/AT 轿车、工具车、零件车、压缩空气、车内四件套、翼子板布、前格栅布、举升机。

3. 工量辅具

无。

4. 耗材（见表 3-1-1）

表 3-1-1　更换刮水器所需耗材

刮水片	清洁布	玻璃水

职业知识

风窗洗涤器系统

组成	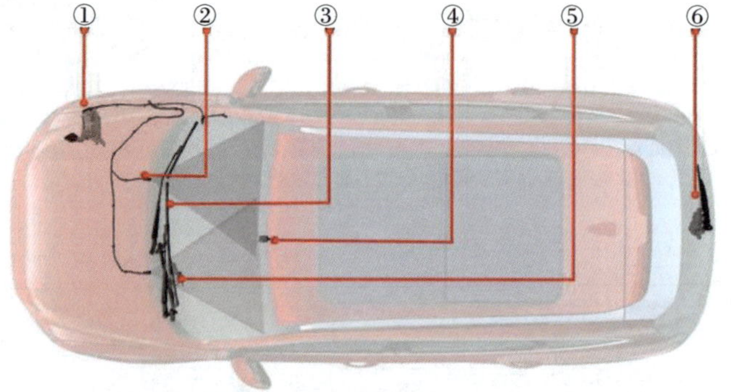 ①—洗涤壶和洗涤泵；②—刮水器喷嘴；③—刮水器臂和刮水器片；④—雨量光线传感器；⑤—前刮水器及电动机；⑥—后刮水器及电动机
功用	利用风窗洗涤器电动机将洗涤液经洗涤水管，从喷嘴位置喷射洗涤液，加上刮水器的转动，实现对风窗的清洗功能

刮水器

组成	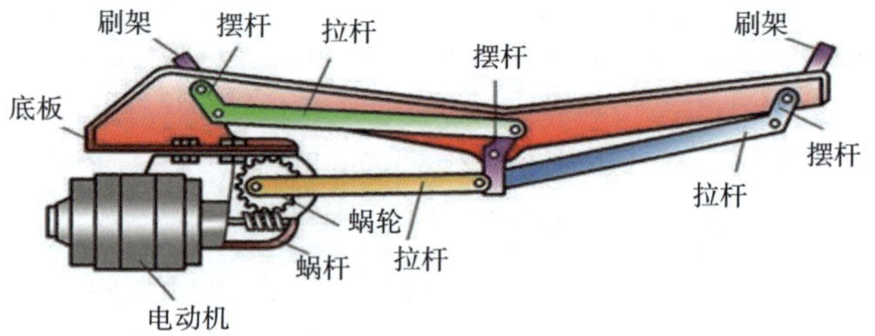

视频

3-1 检查风窗玻璃清洗液

为中华之崛起而读书。

步骤二：清洗玻璃

（1）将车辆停放在阴凉和微尘的环境中。

（2）使用玻璃水和干毛巾仔细清洁玻璃，去掉异物和污物，如图 3-1-1 所示。

（3）使用清洁剂清洁玻璃上的油膜。

（4）用清水或玻璃水将玻璃表面清洗干净。

（5）晾干。

图 3-1-1　清洁玻璃

步骤三：更换刮水器片（以 U 形接口为例）

（1）打开车门，将钥匙插入钥匙槽。

（2）降下主驾驶位置车窗，防止车辆误锁。

（3）将刮水器调整至维护状态（不同车型调整方法不同，请翻阅车主手册）。

（4）在前风窗玻璃上铺一块大毛巾或用毛巾包住刮水器臂接口处，以免刮水器臂落下时砸坏前风窗玻璃，如图 3-1-2 所示。

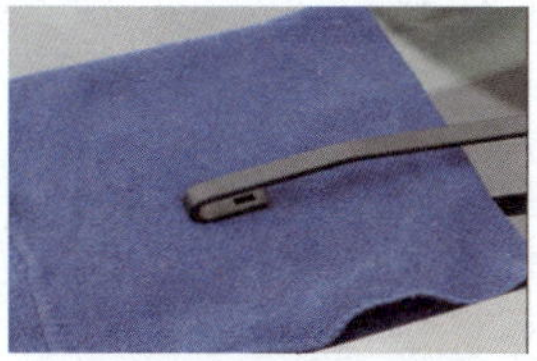

图 3-1-2　铺设毛巾

（5）取出刮水器片。将刮水器片 180° 放平，手按住刮水器片与刮水器臂连接处，用力向下，如图 3-1-3 所示。

（6）右移取出刮水器片。将取下的刮水器片和新刮水器片进行对比，确保长度一致。

（7）安装新刮水器片。将刮水器中间的活动卡口对准 U 形卡扣，轻轻用力往上一顶，听到“咔”的一声就表示入位，如图 3-1-3 所示。

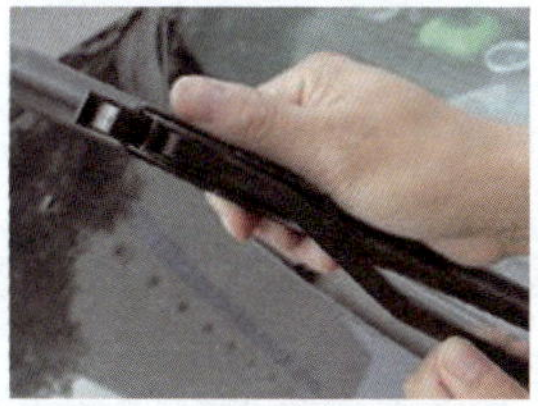

图 3-1-3　推入刮水器片

（8）放下刮水器片。放下刮水器时，动作要轻，避免刮水器砸到风窗玻璃。

刮水器（续）

功用	扫除玻璃上妨碍视线的雨雪、尘土和异物等，保证驾驶员的视线良好		
类型	位置	隐藏式刮水器	• 刮水器隐藏在前机舱盖子下； • 在维修模式下更换刮水器片，进入方法因车而异，需参考手册； • 具有美观和防盗功能
		非隐藏式刮水器	可直接抬起并更换刮水器片
	结构	有骨刮水器（传统刮水器）	
		无骨刮水器	

拨杆式刮水器开关

位置	转向盘的右侧拨杆上的	转向盘的左边拨杆上的
	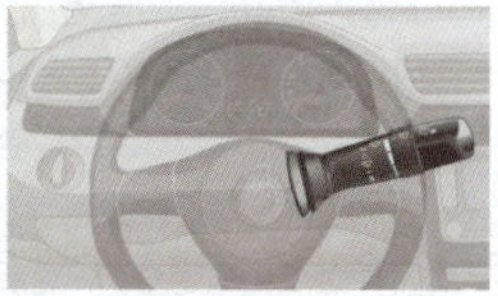	
后刮水器	受车尾气流涡流的影响，两厢车、SUV、MPV 等车型后视窗容易积聚灰尘，影响后方视野，此类车型都会配备后刮水器，后刮水器旋钮一般集成在拨杆上	

学习笔记

学习笔记

（9）取消刮水器维护状态，将刮水器归位。

（10）其他类型接口更换方法见表 3-1-2 ～表 3-1-4。

表 3-1-2　直插接口刮水器片更换方法

接口类型	步骤	操作	图例
直插接口	1	抬起刮水器臂准备安装	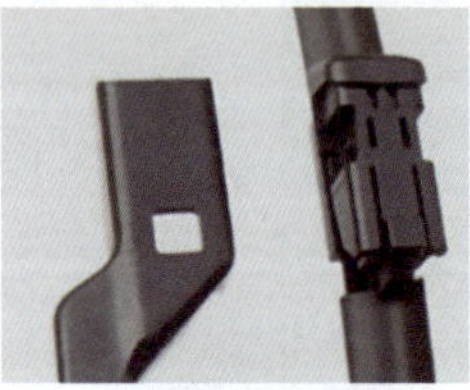
	2	对准刮水器孔插入	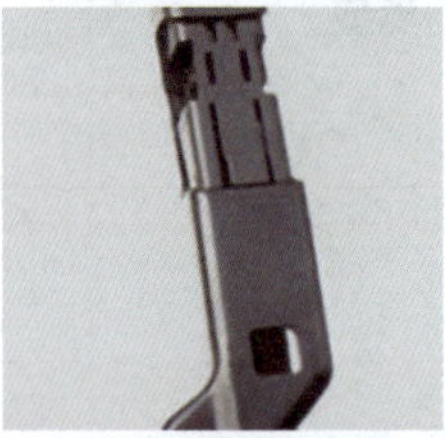
	3	刮水器往后推，与刮水器臂吻合	
	4	方形锁扣弹起，安装完毕	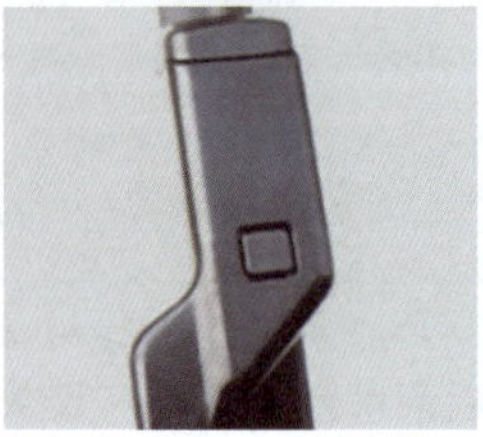

拨杆式刮水器开关（续）

拨杆功能	前风窗刮水器控制区 	MIST（1X）	刮刷一次，主要用于没下雨，但风窗玻璃上有水，可刮一下清除水珠
		OFF（O）	关闭，不使用刮水器时处于该挡位
		INT（---）	间歇刮刷（频率可微调），主要用于雨量不大时
		LO（LOW）	刮水器低速连续刮动，主要用于中、小雨的时候
		HI（HIGH）	刮水器高速连续刮动，主要用于大雨及暴雨
		PULL（PUSH）	喷水加刮动，主要用于清洁风窗玻璃
		AUTO	通过雨量传感器感应雨滴的大小，自动调节刮水器运行速度
旋钮功能	后风窗刮水器控制区 	OFF	关闭，不使用刮水器时处于该挡位
		LO（LOW）	刮水器低速连续刮动，主要用于中、小雨的时候
		HI（HIGH）	刮水器高速连续刮动，主要用于大雨及暴雨

表 3-1-3　燕尾接口刮水器片更换方法

接口类型	步骤	操作	图例
燕尾接口	1	找到刮水器与刮水器臂之间的按钮	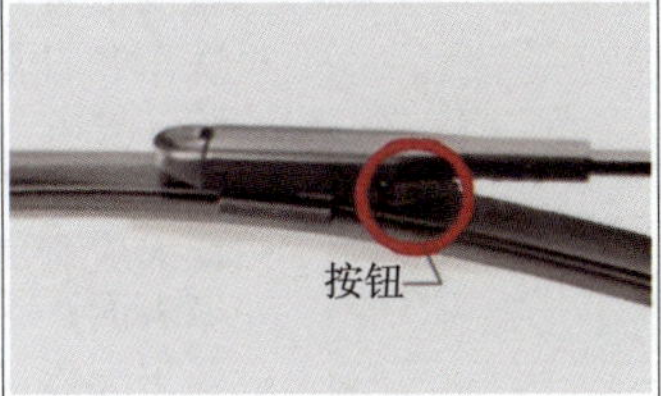
	2	用手按住按钮	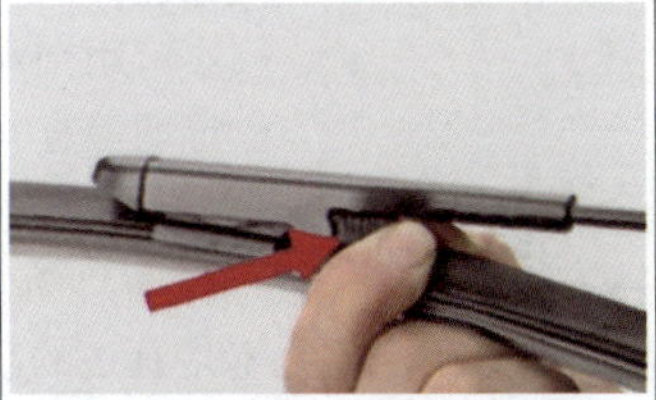
	3	将摇臂向上抬起	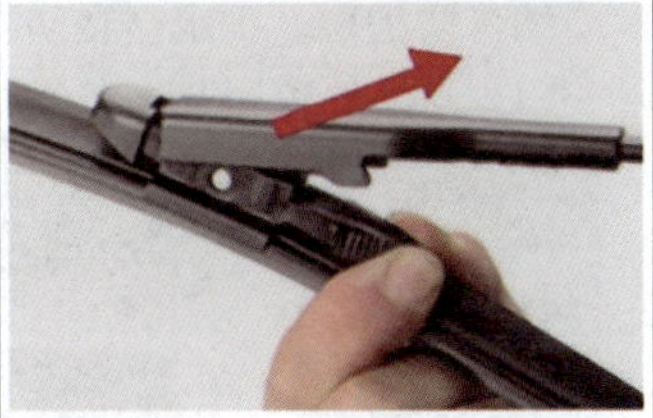
	4	拆卸完成，反向顺序操作即可	

刮水器片	
作用	在刮水器的带动下，清除玻璃上的雨水、雪、尘土或污物，确保驾驶员有良好的驾驶视线
组成	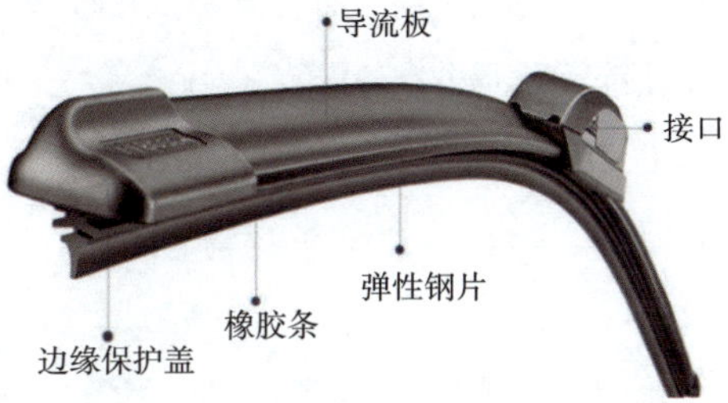
更换	刮水器片是橡胶制品，长时间暴露在空气中和阳光下会不可避免地自然老化，使用性能和外观随时间而变坏

失效形式	图例	失效原因
横条纹		刮水器的老化和结垢的污染物，以及其他的原因破坏了刮水器的性能
漏刮		刮水器的变形导致压力分布不均匀或者长期停滞未使用刮水器老化
宽横条纹		特殊的环境和刮水器的长期使用，使刮水器片框架被腐蚀，影响性能
竖条纹		太阳紫外线和臭氧的腐蚀改变刮水器胶条的状态，导致反转不顺畅

学习笔记

学习笔记

表 3-1-4　侧插接口刮水器片更换方法

接口类型	步骤	操作	图例
侧插接口	1	抬起刮水器臂准备安装	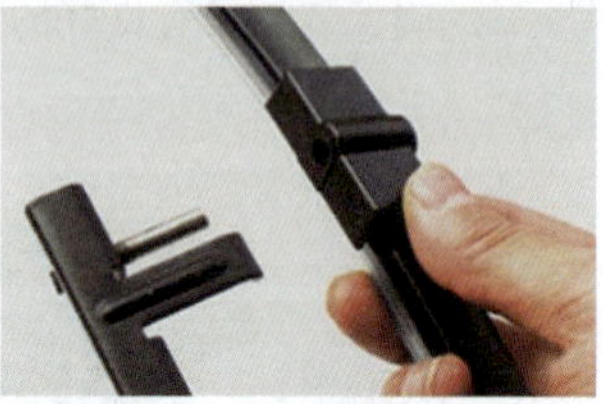
	2	使刮水器与刮水器臂垂直	
	3	对准插孔插紧刮水器	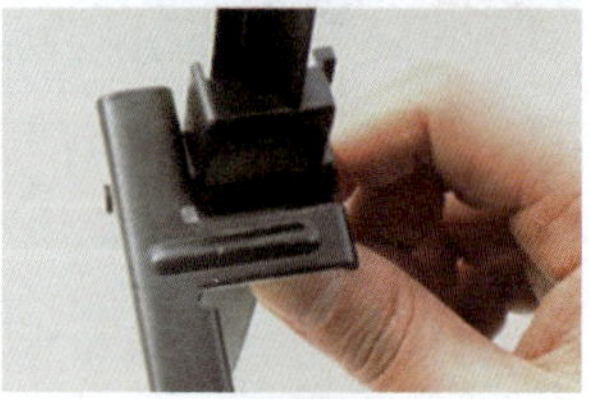
	4	旋转刮水器平行，安装完毕	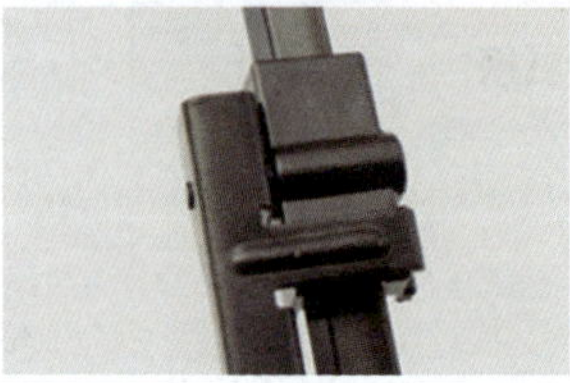

刮水器片（续）

维护保养	• 晴天时使用刮水器片一定要喷洒玻璃水，不能干刮； • 玻璃上有其他顽固、坚硬的污物，应该用手工清理； • 洗车和日常打扫需抬起刮水器片时，要拿刮水器片的“脊背”，放回时轻轻送回，不可啪的一下将刮水器片弹回； • 夏天应避免暴晒，暴晒时可将刮水器立起，离开玻璃表面； • 冬天大雪天气可将刮水器片立起来，避免刮水器被冻住； • 不可用刮水器清除车窗上的积雪及冰碴； • 定期检查并选择适合车辆使用环境的玻璃水

隐形刮水器

- 隐形刮水器并不是真正的刮水器，而是一种清洁剂；
- 防雨剂（隐形刮水器）能够把玻璃凹凸不平的气孔填平形成一层纳米防护层。雨水会在防护层的作用下无处附着而形成小水珠，到一定程度滑落同时带着玻璃上的灰尘

步骤四：最后检查

（1）检查并确认刮水器片安装是否牢固可靠。

（2）检查并补充玻璃水，步骤如下：

① 打开引擎盖。

② 打开刮水器水壶盖。

③ 注入玻璃水。

④ 拧紧刮水器水壶盖并合上引擎盖。

⑤ 按下刮水器拨杆，清洗玻璃。

（3）喷水并刮动刮水器片。

（4）观察刮水器片刮水效果并再次确认刮水器片安装牢靠。

（5）关闭刮水器。

步骤五：整理工位

（1）将更换耗材的包装回收至指定位置。

（2）将更换下来的旧件集中放置在指定位置，以便于向顾客展示。

（3）整理并清洁工具。

（4）整理并清洁场地。

（5）车间现场 5S 管理。

汽车风窗玻璃清洗液

组成	水、酒精、乙二醇、缓蚀剂及多种表面活性剂		
功能	• 清洗功能； • 防冻功能； • 防污功能； • 润滑性能； • 抗静电性能		
分类	普通玻璃水	浓缩玻璃水	固体玻璃水泡腾片
		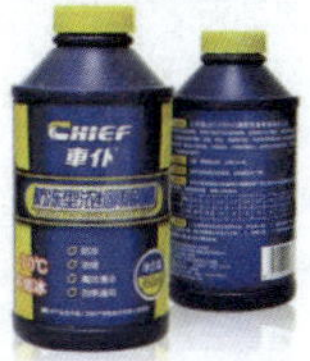	
选用原则	• 普通型：春秋季节适用，除去玻璃灰尘，快干不留水痕； • 除虫胶型：一般在夏季使用，在清洗液里增加了除虫胶成分，除去玻璃灰尘的同时，也可以快速清除撞在风窗玻璃上的飞虫残留物； • 冬季防冻型：一般在冬季适用，保证在外界气温低于零下 20 ℃时，汽车风窗玻璃清洗液不会结冰冻坏车辆设施； • 特效防冻型：一般在寒冬适用，保证在零下 40 ℃时依旧不结冰，适合我国北部的严寒地区使用		

学习笔记

学习笔记

任务测评

一、知识测评

确定本任务的关键词，按重要程度进行关键词排序并举例解读，然后根据自己对重要信息捕捉、排序、表达、创新和划分权重的能力进行自评，满分 100 分，见表 3-1-5。

表 3-1-5　更换刮水器片知识测评表

序号	关键词	举例解读	评分自定
1			
2			
3			
4			
5			
总分			

二、能力测评

对表 3-1-6 所列作业内容，操作规范即得分，操作错误或未操作即零分。

表 3-1-6　更换刮水器片能力测评表

序号	能力点	配分	得分
1	清洁汽车前风窗玻璃	10	
2	清洁汽车前风窗玻璃油膜	20	
3	能正确拆除旧刮水器片	20	
4	能正确匹配新刮水器片	30	
5	能正确更换新刮水器片	20	
总分		100	

三、素养测评

对表 3-1-7 所列素养点，做到即得分，未做到即零分。

表 3-1-7　更换刮水器片素养测评表

序号	素养点	配分	得分
1	设备和工具安全检查	20	
2	车辆安全防护	20	
3	工具清洁、校准、存放	20	
4	工量辅具、零部件、油水液体“三不落地”	20	
5	工位 5S	20	
总分		100	

四、拓展训练

（1）请列举出长期不更换刮水器片易出现哪些现象，分析产生问题的原因并制定解决问题的措施。（满分 25 分）

（2）更换刮水器片后，顾客询问如何提高刮水器片的使用寿命，请举例说明。（满分 25 分）

（3）请按下列思维导图格式（见图 3-1-4），对更换刮水器片的学习收获进行总结。（满分 50 分）

图 3-1-4　更换刮水器片思维导图

为中华之崛起而读书。

学习笔记

任务二　清洗空调蒸发箱

职业行动

步骤一：作业准备

1. 作业场地

选择带有消防设施且通风条件良好的作业场地。

2. 设备设施

2007 款卡罗拉 1.6 L/AT 轿车、工具车、零件车、压缩空气、车内四件套、翼子板布、前格栅布、举升机。

3. 工量辅具（见表 3-2-1）

表 3-2-1　清洗空调蒸发箱工量辅具

套筒扳手组合套具	汽车空调蒸发箱可视清洗机	工业用红外线测温仪
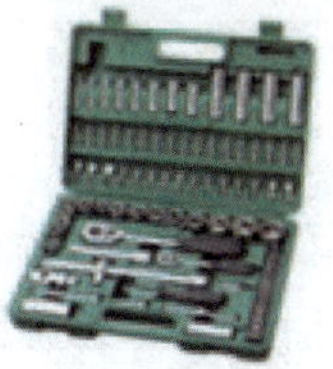		

4. 耗材（见表 3-2-2）

表 3-2-2　清洗空调蒸发箱所需耗材

空调免拆清洗剂	空调滤清器滤芯	清洁布	防护手套

职业知识

汽车空调系统

组成	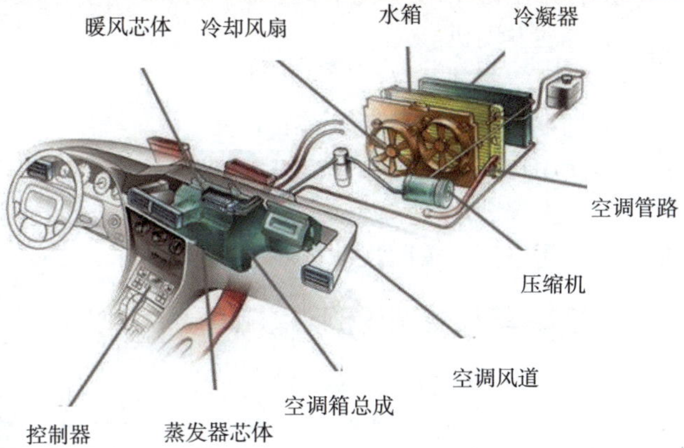
功用	• 制冷：降低车内的温度、降低车内的湿度； • 制热：提高车内的温度、玻璃除霜； • 通风：通风换气、防止风窗玻璃起雾； • 净化：净化驾驶舱内的空气
分类	• 按驱动方式：独立式、非独立式； • 按空调性能：单一功能型、冷暖一体式； • 按控制方式：手动式、电控气动调节； • 按调节方式：全自动调节、微机控制的全自动调节
蒸发器清洗必要	• 工作后的蒸发器表面会在停车后吸附很多小水滴，日积月累会在蒸发器内滋生细菌而且会产生发霉的味道

学习笔记

步骤二：车辆准备

（1）检查车辆停放位置是否到位，如果不到位，需要重新调整。

（2）布置车辆防护护垫、转向盘套、脚垫、变速杆套等保护用品。

步骤三：检查空调工况

（1）打开全部车门（或降下全部车窗）。

（2）起动发动机。

（3）打开空调并开启内循环模式。

（4）打开 AC 键，将风速调至最大。

（5）使用红外测温仪测量出风口温度。

（6）检查仪表灯及空调排水口是否异常。

（7）关闭空调，关闭发动机。

步骤四：取出空调滤清器滤芯

（1）打开副驾驶前面的手套箱。

（2）找到手套箱右侧的固定卡扣，并用力向外侧拔出，如图 3-2-1 所示。

（3）取下并拿掉手套箱盖的固定卡扣，使之脱离。

（4）双手将手套箱两边向中间挤压，取下手套箱，如图 3-2-2 所示。

（5）拿下手套箱，看到空调滤芯盖板，然后用力按压盖板两侧的固定卡扣，取下盖板。

（6）向外侧抽出旧的空调滤芯。

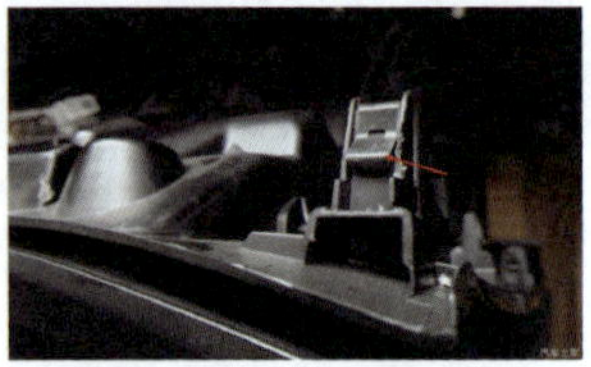

图 3-2-1　手套箱卡扣

图 3-2-2　取下空调滤芯盖板

制冷系统

组成	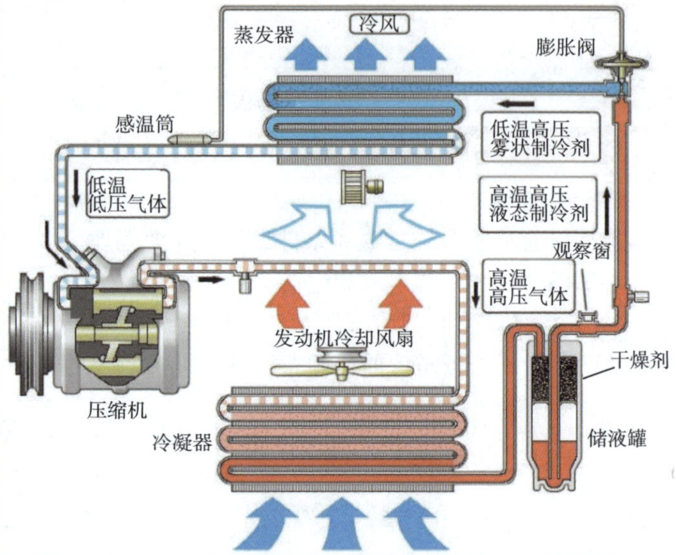	
制冷剂	氟里昂 -12（代号：R12）	• R12 学名为二氟二氯甲烷，是一种无色、透明、没有气味，几乎无毒性、不燃烧、不爆炸，很安全的制冷剂； • R12 对大气臭氧层的破坏力极强，我国自 2002 年起下线的新车，已采用更加环保但成本更高的 R134a 空调系统，并于 2007 年停止了 R12 的生产
	R134a	• 目前使用最广泛的中低温环保制冷剂，是国际公认的 R-12 最佳环保替代品； • R134a 对系统的干燥和清洁要求更高； • 不可加注在 R12 空调系统中

步骤五：清理清洗通道

喷头要接触到蒸发器需要一个通道，根据不同车辆的设计，大致可以有以下 3 种方法：

（1）拆卸空调格，见到蒸发器，可直接伸入管道清洗。

（2）拆卸空调风机，伸入管道清洗。

（3）拆卸空调风机电阻，伸入管道清洗。

备注：具体车型空调格位置可查询“车辆使用手册”得到。

根据不同车辆的设计，清洗方式大致可以有以下 3 种方法：

（1）从空调格伸入清洗方式：空调格在空调风机与蒸发箱中间位置的，可以取下空调滤格，喷枪从空调格口直接伸入管道清洗。

（2）拆卸空调风机清洗方式：此清洗方式有一个共同点，空调格位置在空调风机上面，风机一般为 3 个螺钉固定，拧开螺钉取出即可。

（3）拆卸空调风机电阻清洗方式。此清洗方式有一个共同点：空调格外置的车系或鼓风机不好拆的，拧开空调风机电阻螺钉，取出电阻即可。

步骤六：清洗蒸发器

（1）将“空调清洗剂”倒入专用雾化喷枪壶内，从清洗通道伸入，借助可视化设备，将专用清洗剂（溶解液、除垢剂）均匀喷洒到蒸发箱表面脏污处，分解积垢、霉菌等杂物（注意保护汽车元器件，不要喷到怕水的部位），并对分解后的污垢和浮尘进行由上至下反复冲刷清洗，避免污垢残留，然后用吹尘枪吹干蒸发箱的表面，空调蒸发箱的清理就完成了。

（2）将“空调杀菌剂”倒入喷枪壶内，从清洗通道伸入，借助可视化设备，将空调杀菌剂均匀喷洒在蒸发箱表面，对蒸发箱各处进行清洗。

制冷系统（续）

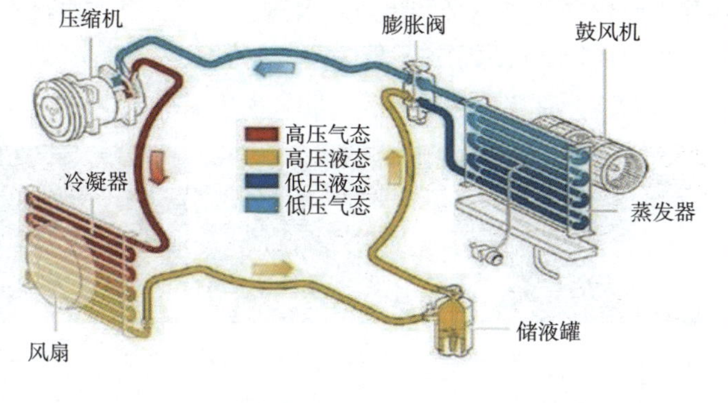

制冷原理	压缩过程	压缩机吸入蒸发器出口处的低温低压的制冷剂气体，把它压缩成高温高压的气体排除压缩机
	冷凝过程（液化放热）	高温高压的过热制冷剂气体进入冷凝器，由于压力及温度的降低，制冷剂气体冷凝成液体，并放出大量的热
	节流过程	温度和压力较高的制冷剂液体通过膨胀装置后体积变大，压力和温度急剧下降，以雾状（细小液滴）排除膨胀装置
	蒸发过程（汽化吸热）	• 雾状制冷剂液体进入蒸发器，因此时制冷剂沸点远低于蒸发器内温度，故制冷剂液体蒸发成气体； • 在蒸发过程中大量吸收周围的热量，而后低温低压的制冷剂蒸气又进入压缩机进入下一次循环

学习笔记

学习笔记

（3）将“去异味喷剂”倒入喷枪壶内，从清洗通道深入，借助可视化设备，将去异味喷剂均匀喷洒在蒸发箱表面，留半瓶去异味喷剂喷雾车厢内部和出风口及进风管道，车厢内部可多喷，但每个出风口和进风管道只能喷两枪，如图 3-2-3 所示。

注意：只能喷两枪，多喷可能会损坏电路板。

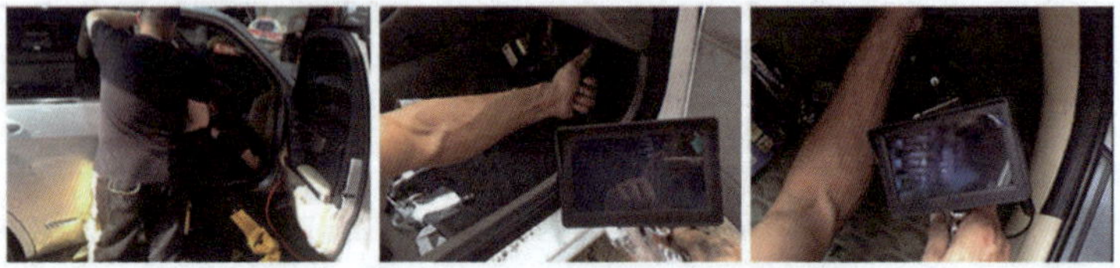

图 3-2-3　借助可视化设备进行清洗

（4）视情况清洗空调风机，如图 3-2-4 所示。

图 3-2-4　清洗空调风机

（5）清洗结束后，把所拆部件恢复原位，空调开启热风运转 10 ～ 15 min，让电路干燥，可以正常使用空调，效果如图 3-2-5 所示。

图 3-2-5　清洗前后对比

制热系统（热水取暖系统）

原理

热水取暖系统的热源来自发动机的冷却液，使冷却液流过加热器芯使加热器温度升高，再使用鼓风机将冷空气吹过加热器芯加热空气并吹进驾驶舱，使车内的温度升高

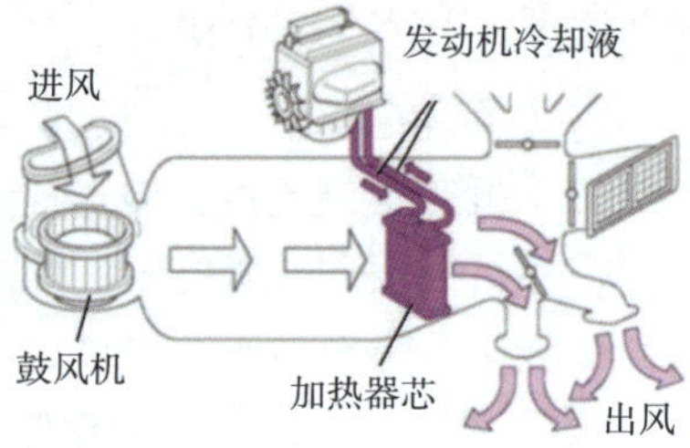

暖风使用

- 冷车启动后不能立即吹热风，不但不能立即吹出热风，反而会增加发动机负担，延缓水温上升速度；
- 暖风的热源来自发动机冷却液的温度，需要等发动机水温表的指针到中间位置后再打开暖风；
- 内、外循环勤切换，保证车内氧气充沛；
- 暖风温度不宜高，防止驾驶员困倦睡着；
- 开暖风不增加油耗，但前提是关闭 AC 开关

空调滤清器滤芯

功能

- 提供新鲜空气，灭菌除臭并吸附水分，防止玻璃起雾；
- 确保安全卫生，保证未过滤空气不会进入车厢；
- 拦截花粉，保证司乘人员不会过敏反应而影响行车安全；
- 过滤固体杂质，如空气中的灰尘、花粉、研磨颗粒等；
- 吸附有害物质，如空气中的水分、煤烟、臭氧、异味、碳氧化物、二氧化硫、二氧化碳等

做好自己就是最大的爱国。

步骤七：最后检查

（1）再次检查并确认空调制冷效果及吹出的空气质量。

（2）检查外部是否泄漏。

（3）安装手套箱，仔细检查所有拆装部位。

（4）进行试车检查，确认各部件运转是否正常。

（5）关闭发动机舱。

步骤八：整理工位

（1）将更换耗材的包装回收至指定位置。

（2）将更换下来的旧件集中放置在指定位置，以便于向顾客展示。

（3）整理并清洁工具。

（4）整理并清洁场地。

（5）车间现场 5S 管理。

空调滤清器滤芯（续）

	手套箱内侧	中控台下方	发动机舱内
位置			
安装方向	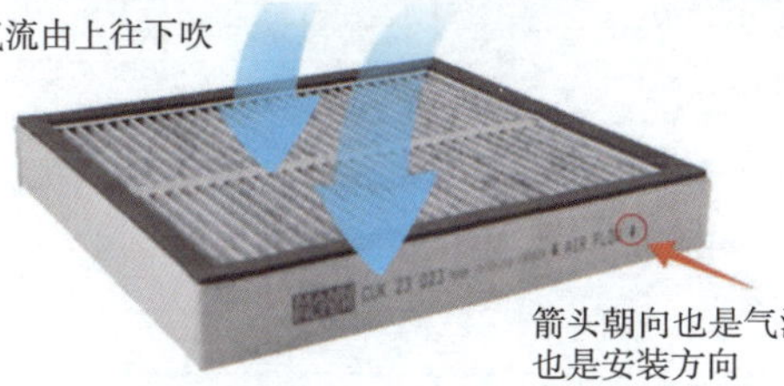		
更换周期	• 每年更换两次或 15 000 km 更换，以先到为准； • 结合车辆实际使用环境，可提前或延后		

学习笔记

学习笔记

任务测评

一、知识测评

确定本任务关键词，按重要程度进行关键词排序并举例解读，然后根据自己对重要信息捕捉、排序、表达、创新和划分权重的能力进行自评，满分 100 分。见表 3-2-3。

表 3-2-3 清洗空调蒸发箱知识测评表

序号	关键词	举例解读	评分自定
1			
2			
3			
4			
5			
总分			

二、能力测评

对表 3-2-4 所列作业内容，操作规范即得分，操作错误或未操作即零分。

表 3-2-4 清洗空调蒸发箱能力测评表

序号	能力点	配分	得分
1	车辆准备	10	
2	检查空调工况	20	
3	取出空调滤清器滤芯	20	
4	清理清洗通道	30	
5	清洗蒸发器	20	
总分		100	

三、素养测评

对表 3-2-5 所列素养点，做到即得分，未做到即零分。

表 3-2-5 清洗空调蒸发箱素养测评表

序号	素养点	配分	得分
1	设备和工具安全检查	20	
2	车辆安全防护	20	
3	工具清洁校准存放	20	
4	工量辅具、零部件、油水液体“三不落地”	20	
5	工位 5S	20	
总分		100	

四、拓展训练

（1）请列举出长期不清洗空调蒸发箱易出现哪些现象，分析产生问题的原因并制定解决问题的措施。（满分 25 分）

（2）现发现，清洗空调蒸发箱一段时间之后，开启空调后仍有异味，请初步判断异味原因，制定检修流程并进行检修。（满分 25 分）

（3）请按下列思维导图格式（见图 3-2-6），对清洗空调蒸发箱的学习收获进行总结。（满分 50 分）

图 3-2-6 清洗空调蒸发箱思维导图

做好自己就是最大的爱国。

学习笔记

学习考评

一、成果描述

根据所学，请对 2007 款卡罗拉 1.6 L/AT 轿车辅助系统进行保养作业，完成考评报告。

二、实施准备

1. 学生准备

学生按照教学进度计划，已经完成了以下学习任务并达到了 75 分以上，可进行该学习考评的实施。

（1）理解并完成学习考评需要的相关知识和方法的学习，得分大于 75 分。

（2）运用学习考评需要的相关知识和方法进行作业，得分大于 75 分。

（3）按时、按质、按量完成相应作业，得分大于 80 分。

（4）具有自觉遵守技术标准和要求规定、规范操作、安全、环保、5S 作业、团结协作的好习惯，得分大于 80 分。

（5）能制定 2007 款卡罗拉 1.6 L/AT 轿车辅助系统保养方案。

2. 教师准备

（1）在安排学生实施学习考评前，通过课堂问题研讨、作业、实训和考核及其他方式，确认学生已经具备了实施学习考评所需的知识、技能和素养，并确保学生在安全状态下独立进行。

（2）对协助教师进行测评的学生进行测评和监督方法的培训，确保测评结果的准确性和公平性。

（3）准备好测评记录。

三、验证方法与标准

（1）每位测评人员负责对 2 名学生进行定点、全过程的监控和测评。

（2）详细记录学生在实施学习考评过程中的相关信息、数据、结果、操作方法、完成时间，以及出现的错误、事故等情况。

（3）学习考评的作业过程和数据记录等，要求在 60 min 内完成。如果时间不足，可在即将结束时，口述剩余部分的作业方法。

（4）考核内容及评价标准如下表所示。

序号	评分项	得分条件	评分标准	配分	扣分
1	安全/5S/态度	□（1）能进行工位 5S 操作； □（2）能进行设备和工具安全检查； □（3）能进行车辆安全防护操作； □（4）能进行工具清洁校准存放操作； □（5）能进行三不落地操作	未完成 1 项扣 3 分，扣分不得超 15 分	15	
2	专业技能能力	□（1）能够规范地对雨刮片进行更换作业； □（2）能够规范地对空调蒸发箱进行清洗作业	未完成 1 项扣 5 分，扣分不得超 50 分	50	
3	工具及设备的使用能力	□（1）能正确选用维修工具； □（2）能正确使用维修工具拆装； □（3）能正确使用测量工具； □（4）能正确使用专用工具； □（5）能熟练使用办公软件	未完成 1 项扣 5 分，扣分不得超 10 分	10	
4	资料、信息查询能力	□（1）能正确使用维修手册查询资料； □（2）能正确使用用户手册查询资料； □（3）能在规定时间内查询所需资料； □（4）能正确记录查询资料章节页码； □（5）能正确记录所需维修信息	未完成 1 项扣 2 分，扣分不得超 10 分	10	

学习笔记

续表

序号	评分项	得分条件	评分标准	配分	扣分
5	数据判读和分析能力	□（1）能判断刮水器片是否需要更换； □（2）能判断空调蒸发箱是否需要清洗	未完成 1 项扣 5 分，扣分不得超 10 分	10	
6	表单填写与报告的撰写能力	□（1）字迹清晰； □（2）语句通顺； □（3）无错别字； □（4）无涂改； □（5）无抄袭	未完成 1 项扣 1 分，扣分不得超 5 分	5	
合计				100	

四、考评报告

说明：考评分为理论考评和实操考评，理论考评根据项目要求以及考评模板格式制定项目实施方案，方案经老师审核合格后，方可进行实操考评。考评报告模板详见附录 A。

做好自己就是最大的爱国。

学习笔记

拓展阅读——汽车保养事故

汽车三分靠修七分靠养，汽车保养不仅能更好地保障安全行车，更可以延长使用年限。但不是保养越多越频繁就越好，由于大多数车主只会开车，缺少汽车保养常识，有的车主就会陷入过度保养误区。

一、基本情况

购买4年的车辆一直按要求在4S店进行保养，但在一次保养不到6 h内的正常行驶途中发生自燃并烧毁。车主经路人提醒发现车头冒烟，并在失去制动的情况下自行滑行50 m后才停住，期间车头发动机部位发生燃烧，后在路人以及消防官兵共同努力下才将火扑灭，但发动机部位基本烧毁。

之后车主与该车生产公司、销售公司、汽修厂一道对受损车辆进行了勘查，没有发现人为纵火痕迹，没有发现电路短路、燃油泄漏导致燃烧痕迹，但在三元催化器下部和排气管部位发现有机油燃烧痕迹，并有未燃烧完的油迹，油底壳下部表明有机油存在，油标尺显示机油量超出上限2 cm，发现该车机油滤清器部位有漏油痕迹。

该车生产公司提出两个推测性的书面意见：机油加注过量行驶中喷出，或更换的机油滤清器非纯正配件因安装问题导致机油泄漏，机油流淌至三元催化器及排气管等高温部位，发生燃烧而烧毁风扇及周围塑料件，导致火灾发生。

车主认为，其在保有汽车的整个时间段及该次驾驶过程中，完全履行了一个所有者以及驾驶者的应有义务，没有任何过错。汽修厂在汽车保养和维修中，未能尽到合理义务，应该承担赔偿责任，且其一家尤其两个孩子在该事故中受到了巨大惊吓，理应得到精神损害赔偿，故请求汽车修理厂赔偿车辆损失15万元，精神损害抚慰金2万元。

二、法院判决

法院一审认为，通过自燃车辆的保修记录所反映的维修频率部位分析，可以看出车主对该车尽到了合理范围内以及保养维修和谨慎驾驶的义务，其对自燃事件的发生没有过错。因该车是在维修保养6 h内发生自燃，按照国家相关规定是在维修保养保质期内，且被告汽修厂对该车出现机油漏油现象没有合理解释，结合受损现场的勘查情况，并考虑到机油燃点、三元催化器排气管正常运转时的温度以及该次车主保养项目等，认为该车自燃的原因是机油渗漏并燃烧引发的这一事实符合情理，且汽修厂未能提供其尽到合理的保养维修义务的相关证据，其应当担责。而车主的人格权利在这次事故中并未受到严重侵害，遂依法判决汽修厂赔偿车主10万余元。

一审宣判后，被告以没有证据证明因维修保养导致机油渗漏提出上诉。

法院二审认为，结合上述勘查情况、生产公司出具的推测性意见等，能够证明自燃发生时车辆有机油渗漏的现象。而机油渗漏可能引发汽车自燃是生活常识。该案中汽车自燃前6 h内在汽修厂更换过机油及机油滤清器，汽车自燃后机油量仍然超出上限2 cm，足以推定是汽修厂操作不当，安装机油滤清器不到位或加注机油过多，导致机油渗漏，引发机油燃烧及汽车自燃，故对其上诉，法院不予支持。

思考：由保养不当引发的事故并不鲜见，很多车主对保养不是很上心，保养不及时不到位经常发生，同时一定要选择口碑好信誉度高的汽修厂进行维修保养，最大限度保障行车安全。

搜集不低于5个经由法院判决的保养不当事故案例。

学习笔记

附录 A　考评报告

考评报告

项目名称：		考核时间：理论（60min）+实操（90min）	
姓名：	班级：	学号：	教师签字：
自评：□合格 □不合格	互评：□合格 □不合格	师评：□合格 □不合格	
日期：	日期：	日期：	

保养方案

第一部分　车辆信息记录

品牌		整车型号		生产日期	
发动机型号		发动机排量		行驶里程	
车辆识别码					

环车检查	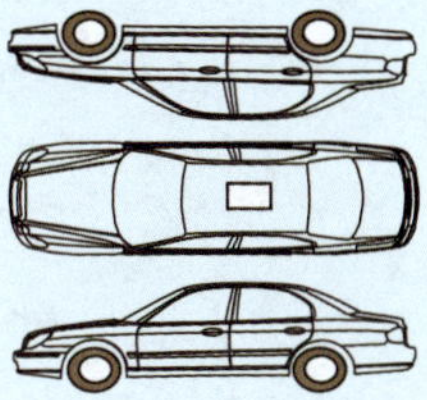	油量显示（用→标记） 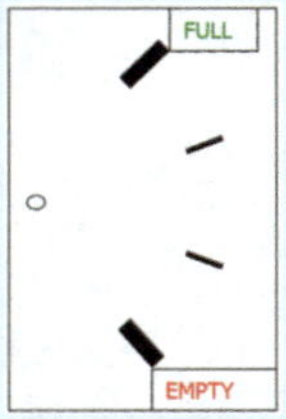

第二部分　场地安全、设备设施、配件耗材和工量辅具准备

序号	名称	规格	数量
1			
2			
3			
4			

第三部分　保养项目

保养项目	配件	工时	保养项目	配件	工时
1			6		
2			7		
3			8		
4			9		
5			10		

第四部分　故障描述及诊断结果

序号	作业项目	紧固和调整标准
1		
2		
3		

第五部分　项目总结

注：表格不足可加行。

学习笔记

学习笔记

附录 B　知识拓展

学习笔记

项目一　知识拓展

一、汽车维护的相关规定

汽车维护一般通俗地称其为汽车保养。为了规范在用汽车的维护作业，使汽车保持良好的技术状况，减少汽车故障，保证行车安全，延长汽车使用寿命，有效控制汽车的污染物排放，国家技术监督局于 2016 年 12 月 13 日发布了《汽车维护、检测、诊断技术规范》（GB/T 18344—2016），该规范已从 2017 年 7 月 1 日正式实施。

该技术规范中将汽车维护分为日常维护、一级维护和二级维护三类。

1. 日常维护

以清洁、补给和安全检视为作业中心内容，由驾驶员负责执行的车辆维护作业。

（1）对汽车外观、发动机外表进行清洁，保持车容整洁。

（2）对汽车各部润滑油（脂）、燃油、冷却液、制动液、各种工作介质、轮胎气压进行检视补给。

（3）对汽车制动、转向、传动、悬挂、灯光、信号等安全部位和位置以及发动机运转状态进行检视、校紧，确保行程安全。

2. 一级维护

除日常维护作业外，以清洁、润滑、紧固为作业中心内容，并检查有关制动、操纵等安全部件，由汽车维修企业负责进行的车辆维护作业。一级维护作业内容见表 B-1-1。

表 B-1-1　一级维护作业内容

序号	项　　目	作业内容	技术要求
1	点火系统	检查、调整	工作正常
2	发动机空气滤清器、空调滤清器、曲轴箱通风装置、机油滤清器和燃油滤清器	清洁或更换	各滤芯应清洁无破损，上下衬垫无残缺，密封良好；滤清器应清洁，安装牢固
3	曲轴箱油面、化油器油面、冷却液液面、制动液液面高度	检查	符合规定
4	曲轴箱通风装置、三效催化转化装置	外观检查	齐全、无损坏
5	散热器、油底壳、发动机前后支垫、水泵、空压机、进排气歧管、化油器、输油泵、喷油泵连接螺栓	检查校紧	各连接部位螺栓、螺母应紧固，锁销、垫圈及胶垫应完好有效
6	空压机、发电机、空调机传送带	检查传送带磨损、老化程度，调整传送带松紧度	符合规定
7	转向器	检查转向器液面及密封状况，润滑万向节十字轴、横直拉杆、球头销、转向节等部位	符合规定
8	离合器	检查调整离合器	操纵机构应灵敏可靠；踏板自由行程应符合规定

视频

B-1 新车磨合期的认识

学习笔记

续表

序号	项　　目	作业内容	技术要求
9	变速器、差速器	检查变速器、差速器液面及密封状况，润滑传动轴万向节十字轴、中间承，校紧各部连接螺栓，清洁各通气塞	符合规定
10	制动系统	检查紧固各制动管路、检查调整制动踏板自由行程	制动管路接头应不漏气，支架螺栓紧固可靠。制动联动机构应灵敏可靠，储气筒无积水、制动踏板自由行程符合规定
11	车架、车身及各附件	检查、紧固	各部螺栓及拖钩、挂钩应紧固可靠，无裂损，无窜动，齐全有效
12	轮胎	检查轮辋及压条挡圈；检查轮胎气压（包括备胎），并检情况补气；检查轮毂轴承间隙	轮辋及压条挡圈应无裂损、变形；轮胎气压应符合规定，气门嘴帽齐全；轮轴承间隙无明显松旷
13	悬架机构	检查	无损坏、连接可靠
14	蓄电池	检查	电解液液面高度应符合规定，通气孔畅通，电桩夹头清洁、牢固
15	灯光、仪表、信号装置	检查	齐全有效，安装牢固
16	全车润滑点	润滑	各润滑安装正确，齐全有效

续表

序号	项　　目	作业内容	技术要求
17	全车	检查	全车不漏油、不漏水、不漏气、不漏电、不漏尘，各种防尘罩齐全有效

注：技术要求栏中的“符合规定”指符合实际使用中的有关规定。

3. 二级维护

除一级维护作业外，以检查、调整制动系统、转向操纵系统、悬架等安全部件，并拆检轮胎，进行轮胎换位，检查和调整发动机工作状态和汽车排放相关系统为主的维护作业。车辆维修手册中有特殊维护要求的系统、总成和装置（如免维护蓄电池、免维护轮毂等），其维修项目执行车辆维修资料规定。二级维护的基本作业内容见表 B-1-2。

表 B-1-2　二级维护基本作业内容

序号	项　　目	作　业　内　容	技　术　要　求
1	发动机润滑油、机油滤清器	更换润滑油，视情更换机油滤清器	润滑油规格性能指标符合规定；液面高度符合规定；机油滤清器密封良好，无堵塞，完好有效
2	检查润滑油油面高度	检查转向器、变速器、主减速器等润滑油规格和液面高度，不足时按要求补给	符合出厂规定

学习笔记

续表

序号	项目	作业内容	技术要求
3	空气滤清器	清洁空气滤清器	空气滤清器清洁有效、安装可靠；恒温进气装置真空软管安装可靠；进气转换阀工作灵敏、准确
4	油箱及油管	检查接头及密封情况	接头无破损、渗漏，紧固可靠
	燃油滤清器	清洁燃油滤器，并视情更换	燃油滤清器工作正常
	燃油泵	检查燃油泵，必要时更换	燃油泵工作正常、油压符合规定
5	燃油蒸发控制装置	检查清洁，必要时更换	工作正常
6	曲箱箱通风装置	检查、清洁	清洁畅通。连接可靠，不漏气，各阀门无堵塞、卡滞现象，灵敏有效，符合规定
7	散热器、膨胀箱、百叶窗、水泵、节温器、传动带	检查密封情况、箱盖压力阀、液面高度、水泵	散热器及软管无变形、破损及渗漏；箱盖接合表面良好。胶垫不老化、箱盖压力阀开启压力符合要求；水泵不漏水。无异响；节温器工作性能符合规定
		检视传动带外观，调整皮带松紧度	传动带应无裂痕和过量磨损，表面无油污、传动带松紧度符合规定

续表

序号	项目	作业内容	技术要求
8	进气歧管、排气歧管、消声器、排气管	检查、紧固，视情补焊或更换	无裂痕、漏气、消声器性能良好
	气缸盖	按规定次序和扭紧力矩校紧气缸盖	扭紧力矩符合规定
9	增压器、中冷器	检查、清洁	符合规定
10	发动机支架	检查、紧固	连接牢固、无变形和裂缝
11	化油器及联动机构	清洁、检查、紧固	清洁，联动机构运动灵活，连接牢固。无漏油、气现象，工作系统和附加装置工作正常
12	油器、喷油器	检查喷油器和喷油泵的作用，必要时检测喷油压力和喷油状况，视情调整供油提前角	喷油器雾化良好、无滴油、漏油现象，喷油压力符合规定
			供油提前角符合规定
13	分电器、高压线	清洁、检查	分电器无油污，调整触点间隙在规定范围内，无松旷、漏电现象、高压线性能符合规定
14	火花塞	清洁、检查或更换火花塞，调整电极间隙	电极表面清洁，间隙符合规定
15	气门间隙	检查调查	符合规定
16	电控燃油喷射系统供油管路	检查密封状况	密封良好，作用正常

学习笔记

续表

序号	项　　目	作　业　内　容	技　术　要　求
17	三效催化装置	检查三效催化装置的作用，必要的更换	作用正常
18	离合器	检查调整离合器踏板自由行程	离合器踏板自由行程符合规定
19	前轮制动	检查前轮制动器调整臂的作用	作用正常
		拆卸前轮毂总成、制动蹄、支承销；消洗转向节、轴承、支承销、清洁制动底板等零件	清洁、无油污
		检查制动盘、制动凸轮轴，校紧装置螺栓	制动底板不变形，按规定力矩扭紧装置螺栓
			凸轮轴转动灵活、无卡滞，转向间隙符合规定
		检查转向节及螺母、保险片及油封、转向节臂，校紧装置螺栓	转向节无裂纹，螺纹完好，与螺母配合应无径向松旷，保险片作用良好，油封完好不漏油
			转向节轴径与轴承的配合间隙符合要求，转向节臂装置螺栓扭紧力矩符合规定
		检查内外轴承	液柱保持架无断裂，液柱无脱落，无裂损和烧蚀，轴承内圈无裂损和烧蚀

续表

序号	项　　目	作　业　内　容	技　术　要　求
19	前轮制动	检查制动蹄及支承销	制动蹄无裂损及明显变形，摩擦片不破裂，铆接可靠，摩擦片厚度符合规定
			支承销无过量磨损，支承销与制动蹄承孔衬套配合间隙符合规定
		检查制动蹄复位弹簧	复位弹簧应无明显变形，自由长度、拉力符合规定
		检查前轮毂、制动鼓及轴承外座圈，校紧轮胎螺栓内螺母	轮毂无裂损
			轴承外座圈无裂纹，无麻点，无烧蚀
			制动鼓无裂纹，外边缘不得高出工作表面，检视孔完整，内径尺寸、圆度误差、左右内径差符合规定
			轮胎螺栓齐全完好，规格一致、按规定力矩钮紧
		装复前轮毂、调整前轮轴承松紧度及制动间隙	装复支承销，制动蹄支承销孔均应涂润滑脂，开口销或卡簧齐全有效
			润滑轴承
			制动鼓、制动片表面清洁，无油污

学习笔记

续表

序号	项目	作业内容	技术要求
19	前轮制动	装复前轮毂、调整前轮轴承松紧度及制动间隙	制动片与制动鼓的间隙应符合规定，转动无碰擦现象或声响，检视孔挡板齐全
			轮毂转动灵活，用拉力计测量时可转动、且无轴向间隙
			保险可靠，防尘罩、衬垫完好，螺栓垫圈齐全紧固（螺栓规格一致）
20	后轮制动	拆半轴、轮毂总成、制动蹄、支承销，清洗各零件及制动底板、半轴套管	轮毂通气孔畅通
			各零件及制动盘、后桥套管清洁无油污
		检查制动底板、制动凸轮轴，校紧连接螺栓	制动底板不变形，连接栓按规定力矩紧固
			凸轮轴转动灵活，无卡滞，轴向间隙和径向间隙符合规定
		检查后桥半轴套管、螺母及油封	套管无裂纹及明显松动，与螺母配合无径向松旷
			油封完好，无损坏，无漏油
			套管颈与轴承配合符合规定
		检查内外轴承	轴承保持架无断裂，滚柱不脱落，无裂损和烧蚀
			轴承内座圈无裂纹、烧蚀

续表

序号	项目	作业内容	技术要求
20	后轮制动	检查制动蹄急支承销	制动蹄无裂纹及变形，摩擦片不破损，铆接可靠，摩擦片厚度符合规定
			支承销与制动蹄承孔衬套配合间隙符合规定
			支承销无过量磨损
		检查制动蹄复位弹簧	复位弹簧无变形，自由长度符合规定，拉力良好
		检查后轮毂、制动鼓急轴承外座圈，检查扭紧半轴螺栓，检查轮胎螺栓，校紧内螺母	轴毂无裂损
			轴承外座圈不松动，无损坏
			制动鼓舞裂纹，内径、圈度误差、左右内径差符合规定，外边缘不得高出工作表面，制动鼓检视孔完整
			半轴螺栓齐全有效
		检查半轴	半轴无明显变曲，不磨套管，无裂纹，花键无过量磨损或扭曲变形
		装复后轮毂，调整制动间隙	装复支承销、制动蹄片时，承孔均应涂润滑脂，开口销或卡簧齐全可靠
			润滑轴承

学习笔记

续表

序号	项目	作业内容	技术要求
20	后轮制动	装复后轮毂，调整制动间隙	套管轴颈表面应涂机油后再装上轴承
			制动蹄片、制动鼓面应清洁
			制动蹄片与制动鼓的间隙应符合规定，转动物碰擦现象和声响，检视孔挡板齐全紧固
			轮毂转动灵活，拉力符合规定
			锁紧螺母按规定力矩扭紧
21	转向器、转向传动机构	检查转向器传动机构的工作状况和密封性，拧紧各部螺栓	转向盘自由转动量符合规定，转向轻便、灵活，无卡滞和漏油现象。垂臂及转向节臂无弯曲及裂损，各部螺栓连接可靠
		检查调整转向盘自由转动量	
22	前束	调整	符合规定
23	变速器、差速器	检查密封状况和操纵机构，清洁通气孔	密封良好、通气孔畅通，操纵机构作用正常，无异响、跳动、乱挡现象
24	传动轴、传动轴承支架、中间轴承	检查防尘罩	防尘罩不得有裂纹、损坏，卡箍可靠，支架无松动
		检查传动轴万向节工作状况	万向节不松旷、无卡滞、无异响
		检查传动轴承支架	传动轴承支架无松动
		检查中间轴承间隙	中间轴承间隙符合规定

续表

序号	项目	作业内容	技术要求
25	空气压缩机、储气筒	清洁，校紧	清洁、连接可靠，无漏气，安全阀工作正常
26	制动阀、制动管路、制动踏板	检查制动踏板自由行程	制动踏板自由行程符合规定
		检查紧固制动阀和管路接头	制动阀和管路接头连接可靠，无漏气
		液压制动检查制动管路内是否有气	液压制动管路内无气
27	驻车制动	检查驻车制动性能，检查驻车制动器自由行程	符合规定、作用正常
28	悬架	检查、紧固，视情补焊、校正	不松动，无裂纹，无断片，按规定扭紧力矩紧固螺栓
29	轮胎（包括备胎）	检查紧固，补气，进行轮胎换位，磨损严重时更换轮胎	气压符合规定，清洁，无裂损、老化、变形，气门嘴完好，轮胎螺栓紧固，轮胎的装用符合规定
30	发电机、发电机调节器、起动机	清洁、润滑	符合规定
	蓄电池	检查、清洁、补给	清洁、安装牢固，电解液液面符合规定

续表

序号	项目	作业内容	技术要求
31	前照灯、仪表、喇叭、刮水器、全车电器线路	检查、调整，必要时修理或更换	前照灯、喇叭、各仪表及信号装置功能齐全、有效，符合规定
			刮水器电动机运转无异常，连动杆连接可靠
			全车线路整齐，连接可靠，绝缘良好
32	车身、车架、安全带	检查、紧固	性能可靠，工作良好无变形、断裂、脱焊、连续螺栓、铆钉紧固
33	内装饰	检查、紧固	设备完好，无松动
34	空调装置	检查空调系统工作状况、密封状态	制冷系统密封，制冷效果良好
			暖气装置工作正常
35	润滑	全车加注润滑脂的部位全部润滑	润滑脂嘴齐全有效，润滑良好
注：技术要求栏中的“符合规定”指符合实际应用中有关技术规定或技术要求			

汽车在维修企业进行二级维护后，必须进行竣工检验；各项目参数符合国家或行业及地方标准；竣工检验合格的车辆填写维护竣工进厂合格证后方可出厂。检验不合格的车辆应进行进一步的检验、诊断和维护，直到达到维护竣工技术要求为止。二级维护竣工要求见表 B-1-3。

表 B-1-3　二级维护竣工要求

序号	检测部位	检测项目	技术要求	备注
1	整车	清洁	汽车外部、各总成外部、三滤应清洁	检视
		面漆	车身面漆、腻子无脱落现象，补漆颜色应与原色基本一致	检视
		对称	车体应周正，左右对称	汽车平置检查
		紧固	各总成外部螺栓、螺母按规定力矩扭紧，锁销齐全有效	检查
		润滑	发动机、变速器、转向器、减速器润滑符合规定，各通气孔畅通。各部润滑点润滑脂加注符合要求。润滑脂嘴齐全有效，安装位置正确	检视
		密封及电器	全车无油、水、气泄漏，密封良好，电器装置工作可靠，绝缘良好	检视
		前照灯、信号、仪表、刮水器、后视镜等装置	稳固、齐全有效符合有关规定	检视
2	发动机	发动机工作状况	发动机能正常起动，低、中、高速运转均匀及稳定、水温正常，加速性能良好，无断裂、回火、放炮等现象，发动机后应无异响	路试
		发动机功率	无负荷功率不小于额定值的80%	检测
		发动机装置	齐全有效	检视

学习笔记

续表

序号	检测部位	检测项目	技术要求	备注
3	离合器	踏板自由行程	符合原厂规定	检测
		离合情况	接合平稳，分离彻底，无打滑、抖动及异响	路试
4	转向系统	转向盘最大转动量	符合规定	检查
		横直拉杆装置	球头销不松旷，各部螺栓螺母紧固，锁止可靠	检查
		转向机构	操作轻便、转动灵活，无摆振、跑偏等现象。车轮转到极限位置时，不得与其他部件有碰擦现象	检测
		前束及最大转向角	符合规定	检测
		侧滑	符合 GB 7258—2017 中的有关规定	检测
5	传动系统	变速器、传动轴、主减速器	变速器操纵灵活、不跳挡，不乱挡。变速器传动轴、主减速器各部无异响，传动轴装配正确	路试
6	行驶系统	轮胎	轮胎磨损应在规定范围内、同轴轮胎应为相同的规格和花纹，转向轮不得使用翻新轮胎，轮胎气压符合规定，后轮辋孔与制动鼓观察孔对齐	检查
		钢板弹簧	钢板弹簧无断裂、位移、缺片、U 形螺栓紧固，前后钢板支架无裂纹及变形	检查
		减振器	稳固有效	路试

序号	检测部位	检测项目	技术要求	备注
6	行驶系统	车架	车架无变形，纵横梁武裂纹，铆钉无松动，拖车钩、备胎架齐全，无裂损变形，连接牢固	检查
		前后轴	无变形及裂纹	检查
7	制动系统	制动性能	应符合 GB 7258—2017 中的有关规定	路试或检测
		制动踏板自由行程	符合规定	
		驻车制动性能	应符合 GB 7258—2017 中的有关规定	路试和检测
8	滑行	滑行性能	符合规定	路试或检测
9	车身、车箱	车身	驾驶室装置紧固，门锁链灵活无松旷，限动装置齐全有效，驾驶室门关闭牢靠，无松动，风窗玻璃完好，窗框严密，门把、门锁、玻璃升降器齐全有效。发动机罩锁扣有效，暖风装置工作正常	检查
10	排放	尾气排放测量	符合有关标准的规定	检测

二、汽车基本维护作业内容

汽车的维护作业一般包括灯光检查、功能部件检查、发动机相关维护、变速器相关维护、底盘相关维护、制动系统相关维护等内容。汽车厂家建议维护项目表见表 B-1-4。

表 B-1-4　汽车厂家建议维护项目表

行驶里程 / km	机油机滤	汽油滤芯	空调滤芯	空气滤芯	制动液	汽油添加剂	变速器油	转向助力油	火花塞
5 000	●	○	○	○	每 24 个月更换	●	○	—	○
10 000	●	○	○	○		●	○		○
20 000	●	○	○	●		●	○		●
30 000	●	○	●	○		●	○		○
40 000	●	○	○	●		●	○		●
50 000	●	○	○	○		●	○		○
60 000	●	●	●	●		●	●		●

注：1. 新车质保期为两年或 60 000 km；2. ●表示需要更换；○表示建议更换。

1. 灯光检查

（1）车内照明设备功能检查。检查仪表指示灯、阅读灯、手套箱照明灯、上车照明灯、后备厢照明灯等是否正常工作。

（2）车外照明设备功能检查。检查驻车灯、示廓灯、近光灯、远光灯、前雾灯、后雾灯、转向灯、警示灯、制动灯、倒车灯、车牌灯等是否正常工作。

（3）使用前照灯灯光检测仪对前照灯进行检查，必要的时候进行调整。

2. 功能部件检查

（1）检查喇叭是否都能正常工作，喇叭壳内是否有进水现象，收音机、点烟器、空调系统、外电动后视镜是否正常工作。

（2）电动车窗检查：

①车内按钮功能及车外门锁控制和遥控钥匙控制功能必须都保持正常。

②检验防夹功能，检验后必须再次进行设置。

（3）安全气囊检查及安全带功能检查：

①气囊外表是否损伤，安全带功能是否正常。

②气囊不能粘贴覆盖物。

③安全带高低调整是否正常。

（4）自诊断系统检查：

①读取故障码，复位自诊断系统。

②使用 VAS6150 等诊断仪的引导型故障查询功能对车辆进行检测。

（5）维护周期显示器复位。在车辆移交检查、机油更换维护后要做显示器的复位，使用 VAS6150 诊断仪连接车辆，通过引导型功能，依次选择—品牌—车型—年款—发动机类型，确认车辆 VIN 号，选择组合仪表—复位，按照引导型功能进行匹配，直到提示退出，关闭点火钥匙后再打开，确认里程表内不再有维护提示。

（6）多功能转向盘按键功能检查。进入自诊断多功能转向盘地址中数据组功能，检测每一按键功能。

（7）检查前照灯清洗装置。如果有此装置，检查其功能是否正常。

（8）检查车门限位器、固定销、门锁、发动机舱盖、后备厢盖铰链和锁扣润滑。

①防止运动件过度磨损和车门限位器产生异响。

学习笔记

学习笔记

②使用专用润滑脂。

（9）天窗的维护：

①检查活动天窗的功能，防夹功能是否正常。

②清洁导轨并用专用油脂涂敷。

③检查天窗的落水管排水是否通畅。

（10）刮水器及清洗装置检查。如果刮水器刮片工作效能降低，刮水器电动机或部件出现故障将影响到驾驶员雨天驾驶视野的清晰度，危及行车安全。检查中，主要检查刮水器片是否老化龟裂、刮动是否有异响、刮水臂是否松旷等问题，检测中，还应该注意检查前后刮水定位点、检查前风窗玻璃落水槽。

（11）各零件损坏或者泄漏的检查。检查线束类是否固定正确、牢固，燃油、真空、电气、制动、ATF 等各种管路是否存在安装干涉及损伤泄漏（重点检查曾经出现过碰撞事故的部位）。

（12）灰尘及花粉过滤器。座舱空调滤清器的作用是吸附灰尘和花粉等颗粒并净化车内空气，改善车内空气环境，需要定期进行检查、清洁或更换空调花粉过滤器。

（13）蓄电池检查：

①蓄电池正负极上的螺栓要按照规定扭矩上紧，不能有松动。

②观察蓄电池上的电眼，必要时使用电瓶测试仪检测蓄电池状况。

（14）散热电子风扇插座检查。散热器电子风扇工作电流很大，如果插头接触不良，则在电路中会产生较大的阻抗，从而导致结合处发热烧毁，使散热器风扇失效。

3. 发动机相关维护

（1）冷却系统检查与维护。冷却系统对发动机的性能有很大影响。在定期维护中，重点检查冷却系统管路及部件有无泄漏，冷却液量是否足够、冰点是否满足要求和膨胀水箱盖密封性能等。

（2）火花塞的检查与更换。根据不同发动机类型检查火花塞的电极间隙，按照里程或时间及时更换火花塞，使用正确的专用工具拆装，并按照规定力矩拧紧，尤其要注意不同的火花塞对应的零件号，防止装错。TSI 发动机的火花塞使用寿命比较短，注意及时更换。

（3）发动机积炭的检查与清洁。在出现冷起动困难、发动机不起动、加速无力、热车怠速抖、机油消耗量增大、行驶中熄火等情况时，可以使用内窥镜进行积碳检查，必要时可以使用专用清洁剂清洗节气门，并使用汽油清洁剂等清除内部的胶质和积碳等，改善发动机的性能。

（4）空气滤清器的清洁或更换。定期清洁或更换空气滤清器，可以防止空气中的粉尘、颗粒进入发动机内部，防止发动机出现早期磨损。在使用或维护中，注意空滤器壳体内表面灰尘和污物的清洁，应根据里程或使用时间及时更换空气滤清器。

（5）发动机润滑系统检查。检查更换机油和机油滤清器，并使用汽车厂家推荐的专用机油。

（6）发动机燃油系统检查：

①对汽油滤清器按照里程或使用时间及时检查与更换。

②燃油系统卡箍大多采用一次性带耳卡箍，严禁用其他形式卡箍替代。

③对无回路燃油系统进行放气。

（7）检查三角带、楔形带、凸轮轴齿型带：

如果传送带出现硬化、龟裂、磨损过度和张紧力度不够等损坏情况，严重时会折断，导致严重的后果，在检查中如果发现上述情况，必须更换传送带。未出现上述现象的，如果达到了更换的里程也应该更换。

（8）尾气排放的检测。CO(一氧化碳)、HC + NO_X(碳氢化合物和氮氧化物)、PM(微粒、碳烟)等有害气体的检测，如果达不到所要求的排放标准，需要找到故障点并对相应部件进行维护。

4. 变速器相关维护

（1）手动变速器油的检查。手动变速器油使用齿轮油，主要起润滑和冷却的作用。定期维护时要检查齿轮油是否足够，按照里程和使用时间及时更换。

（2）自动变速器油(ATF)的检查。ATF的作用是润滑降温，同时传递扭矩，其工作温度一般在80～140 ℃范围内。

ATF被旋转的零件搅动，相互间产生大量的摩擦热，使ATF容易过热产生变质，失去对变速器的保护功能和动力传递功能。ATF添加过少会使离合器和制动器打滑，在换挡时冲击过度，齿轮和其他旋转零件润滑不良；ATF添加过多后呈泡沫状从通风管溢出，大量泡沫溢出将会导致ATF油总量减少，有时还会传出变速器漏油的错误信息。

定期维护时要检查ATF是否适量，不足时要进行添加，过量时要放掉一部分，并按照汽车厂家推荐的使用里程和使用时间及时更换。

5. 制动系统相关维护

（1）制动系统泄漏排查和制动液液面检查：

①如果制动系统出现泄漏或者制动液液面过低，可能出现制动失效，导致严重的后果。

②制动液压管路出现松动可能导致管路过早老化、磨损，甚至破裂。因此，管路固定要重点检查维护，尤其是事故车辆。

③发生过碰撞的事故车辆，在其碰撞部位要仔细检查管路是否受损、泄漏。

④在长时间工作后，制动液会吸收空气中的水分，产生氧化变质，影响其性能，导致制动系统失效。

⑤制动液与机油、汽油、清洗剂不得混合。

⑥制动液不得与油漆接触。

⑦制动液要密封保存。

⑧制动液的更换要严格按照维护手册要求，两年或50 000 km必须更换。

（2）制动盘和摩擦片磨损检查：

①制动盘与摩擦片是一对摩擦副，如果摩擦片磨损了，制动盘也会有一定的磨损。

②制动盘过度磨损使表面平整度降低，实际的接触面积变小，造成制动力不足。

③磨损后的制动盘热容量降低，持续制动时温度升高很快，更易产生热衰退现象。

④制动盘磨损变薄，无形中增加了制动器行程，使得制动的灵敏性降低。

⑤根据不同的车型查找维修手册，参照制动盘和摩擦片的磨损极限对其进行测量，以确定是否要进行更换。

（3）驻车制动器检查。对手动驻车制动器进行行程检查，对电动驻车制动器检查效果，并对拧紧力矩进行确认。

（4）制动轮缸泄漏检查。汽车上的制动系统大多采用液压传动，即通过制动主缸将油压传送到制动轮缸上，再将制动力传递到车轮上，制动轮缸泄漏会使得油压降低，制动力得不到保障，从而影响制动效果和行车安全。

6. 车辆其他系统相关维护

（1）助力转向系统的泄漏检查和液压油液面检查：

①若管路出现泄漏，则助力系统将失效，可能产生严重的后果。

学习笔记

学习笔记

②若液压管路不固定，行驶过程中就会摇摆，与周围部件碰触、摩擦，使其过早老化、磨损，甚至破裂，导致系统失效。

③发生过碰撞的事故车辆，在其碰撞部位要仔细检查管路是否受损、泄漏等。

④如果液压油面过低，在工作中液压系统有无可能无法得到足够的补充油液，突然失效，应该及时补充。

（2）横向稳定杆、转向拉杆等的检查。转向拉杆螺栓松动会导致转向盘自由行程太大，转向灵敏度下降，从而影响行车安全，因此应及时检查维护。其他如稳定杆、连接杆也要检查间隙和连接是否牢固。

（3）底盘螺栓的检查

检查底盘螺栓是否松动，紧固时要按照规定力矩和顺序拧紧。

（4）轮胎磨损和胎压检查。检查轮胎磨损情况，必要时进行轮胎换位，如果有不正常的轮胎磨损，建议使用四轮定位仪进一步进行检测。

（5）轮毂轴承间隙调整。间隙过大，会使车轮歪斜；间隙过小，会使滚动阻力增大、增大耗油量。

（6）离合器踏板行程位置调整。踏板自由行程太小，离合器容易打滑。自由行程太大，会造成离合器分离不良，换挡困难，增加油耗。

三、汽车维修服务安全注意事项

在实施汽车维修过程中要始终注意安全生产，确保人员和维修设备安全，防止出现安全事故。

工作着装

（1）工作服。为防止事故的发生，工作服必须结实、合身，以便于工作。为防止工作时损坏汽车，不要将工作服的带子、拉链、纽扣暴露在外面。并且，为了防止受伤或者烧伤尽量不要将皮肤裸露在外。

②工作鞋。工作时要穿着干燥、舒适、不宜滑倒的安全鞋。

③工作手套。提升重的物体或拆卸热的排气管或类似物体时建议戴上手套。对于普通的维护工作可以根据实际工作需要来选择是否戴手套。

（2）场地安全。在车间内始终要保持工作场地干净，保护自己和其他人免受伤害。

①不要把工具和零件放在有可能踩到的地方，一定要将其放在工作台或工具架上。

②如果在工作时有燃油、机油或润滑脂飞溅出来，要立即清理干净，以防止人员滑倒而受到伤害。

③工作时要用自己舒服的姿势来工作，这样不仅可以防止事故的发生，还可以提高工作效率。

④从一个工作地点转移到另一个工作地点时，一定要走指定通道。

⑤不要在开关、配电盘、电机等附近使用可燃物，以免引起火灾。

（3）工具设备使用安全。使用工具时要遵守下列预防措施：

①正确使用电气、液压及气动设备，以防止造成伤害。

②正确使用各种维修工具，严禁随意改变工具本身的用途（例如，将钳子当锤子使用）。

③各种维修工具要摆放整齐，使用完毕后要清洗干净。

学习笔记

四、汽车维护保养常用工具

1. 扳手

（1）开口扳手。开口扳手的卡口可在其接触的螺栓头或螺母的两个边上滑动，适用于间隙不足以插入梅花扳手的场合，如图 B-1-1 所示。

扳手的开口端一般与手柄成 15° 角，这样即使在有限空间也可以变换扳手的方向来轻松地转动螺栓或螺母，扳手尺寸用夹住螺栓或螺母的对边宽度来标示尺寸。在使用开口扳手时一定要和螺母或螺栓可靠接合，否则如果突然用很大的力气拧紧或松开，螺母或螺栓扳手的开口有可能松脱。

（2）梅花扳手，如图 B-1-2 所示。梅花扳手的卡口是闭合的。卡口包住整个螺栓或螺母，夹持住紧固件的各个棱角。梅花扳手不能在螺母或螺栓上滑动，所以比开口扳手更安全。

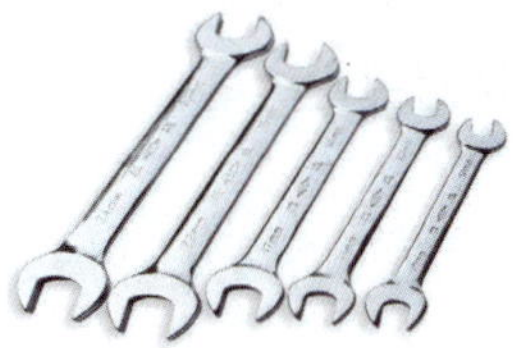

图 B-1-1　常用开口扳手

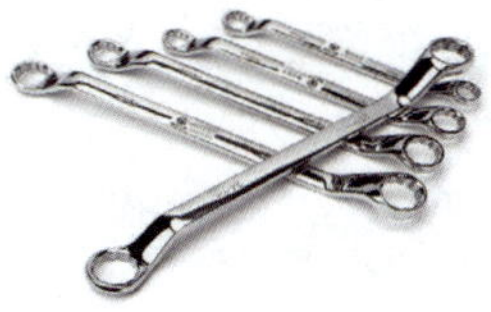

图 B-1-2　常用梅花扳手

（3）活动扳手，如图 B-1-3 所示。活动扳手通常也称可调扳手，由一个固定卡爪和一个可动卡抓以及调节旋钮组成，通过转动螺旋形调节旋钮可以调整卡扣的开度。由于活动扳手并不能牢固地夹持住螺栓头，有可能会滑动，所以使用活动扳手要谨慎，只有在不得已时才使用。用活动扳手转动螺栓时一定要使全部压力都作用在固定卡抓上。

活动扳手的结构决定了固定爪比可调爪能够承受更大的力，加持物体更可靠，所以应把可调扳手的固定爪放在螺栓的上侧使用。如果把可调扳手的可调抓放在螺栓上侧使用，螺栓或螺母有可能从活动扳手中滑出，并且螺栓或螺母的边角有可能会被磨损。

（4）内六角扳手，如图 B-1-4 所示。内六角扳手也称艾伦扳手，它通过扭矩施加对螺钉的作用力，大大降低了使用者的用力强度，是工业制造业中不可或缺的得力工具。

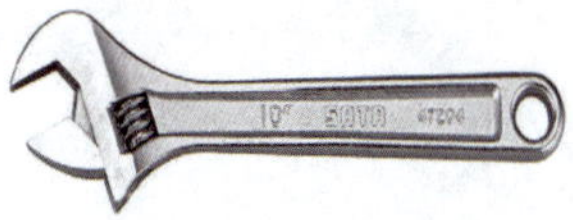

图 B-1-3　活动扳手

图 B-1-4　内六角扳手

（5）油管扳手，如图 B-1-5 所示。由于油管是由软金属制成的，很容易变形，如果用开口扳手会磨圆螺母的棱边而油管扳手会将整个螺母夹住，所以提供的夹持力较大。为了使扳手能够放入制动系统管理并在管道上转动，因此，可将梅花扳手截掉一部分成为油管扳手。这种扳手用来拆装车上的油管。

（6）组合扳手，如图 B-1-6 所示。组合扳手的一端为开口卡口，另一端为梅花卡口，两端卡口的尺寸相同。扳手是开口扳手和梅花扳手的组合。

图 B-1-5　油管扳手

图 B-1-6　组合扳手

（7）扭力扳手，如图 B-1-7 所示。扭力扳手也称力矩扳手、扭矩可调扳手。扭力扳手可以测量螺母或螺栓的松紧度。汽车上

学习笔记

的许多螺母和螺栓都有紧固力矩要求，力矩用牛顿 · 米（N · m）表示。

扭力扳手可与不同尺寸的套筒一起使用，能够显示螺栓或螺母所受力矩的大小。将套筒装在驱动头上，然后再连接到螺栓，当有力加于螺栓时，扭力扳手就能读出该力矩的数值。

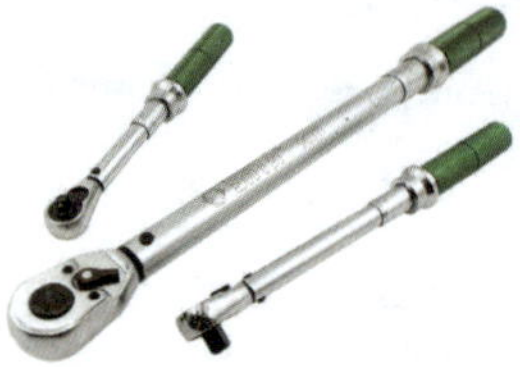

图 B-1-7　扭力扳手

① 按动力源可分为：电动扭力扳手、气动扭力扳手、液压扭力扳手及手动扭力扳手。常见手动扭力扳手的样式见表 B-1-5。

表 B-1-5　常见手动扭力扳手的样式

桁条式扭力扳手	声响式扭力扳手	表盘式扭力扳手	数字式扭力扳手

② 扭力扳手使用方法（以声响式扭力扳手为例）：按维修手册查出所需力矩—拧松锁止螺栓头—调整活动套筒至所需力矩—拧紧锁止螺栓头，当出现“咔哒”声时说明已经达到设定力矩。

（8）轮胎扳手，如图 B-1-8 所示。轮胎扳手呈十字交叉状，4 个端头分别设有套筒，套筒尺寸适用于大多数轿车的轮胎螺钉。

（9）棘轮套筒扳手，如图 B-1-9 所示。棘轮套筒也称为快速扳手或棘轮扳手，可配合不同规格的套筒完成各尺寸螺栓或螺母的快速拆装。因工作时摆动角度很小，使用方便快捷，在汽车维修中广泛应用。

图 B-1-8　轮胎扳手

图 B-1-9　棘轮套筒扳手

2. 螺丝刀

螺丝刀是一种用来拧转螺钉以使其就位的常用工具。京津冀晋和陕西陕北及豫北方言称为“改锥”，豫北更多的叫法是螺丝刀，江西、安徽和湖北、河南黄河以南地区、陕西关中等地称为“起子”，中西部地区称为“改刀”。

一字形螺丝刀，如图 B-1-10 所示；十字形螺丝刀如图 B-1-11 所示。

图 B-1-10　一字形螺丝刀

图 B-1-11　十字形螺丝刀

学习笔记

3. 锤子

根据锤子头部的材料可以分为迎面和软绵两类。使用锤子前应该确认锤子的头部与手柄是否可靠固定，使用头部松动的锤子是很危险的，因为锤子头部可能会飞出伤人。常见锤子的样式见表 B-1-6。

表 B-1-6　常见锤子的样式

木柄圆头锤	木柄橡胶锤	工具钢管柄安装锤	木柄八角锤

4. 钳子

钳子是一种用于夹断金属丝、线夹和销钉的夹具。一名汽车维修师在工作中要根据用途选择合适的作为维修作业工具。

（1）虎口钳，如图 B-1-12 所示。虎口钳用于切断粗电线、金属丝之类的物体或夹持和弯曲物体。

（2）可调钳，如图 B-1-13 所示。可调钳又称水泵钳，设有一个可以滑动的销轴，钳口的开度大小能够通过移动销轴进行多级调节，因此，可调钳适用于夹持普通组合钳不能可靠夹持的各种大小尺寸的物体。

图 B-1-12　虎口钳

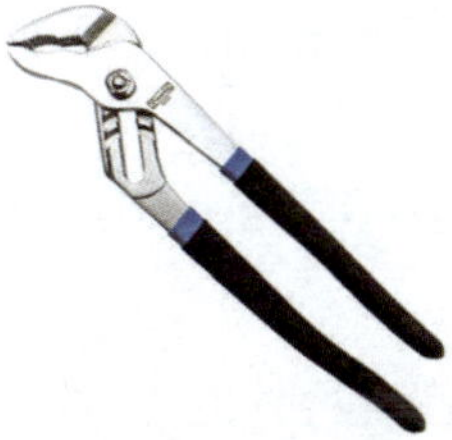

图 B-1-13　可调钳

（3）大力钳，如图 B-1-14 所示。大力钳对于夹持连接在一起的零件很有效，也可以牢固地夹持那些边角变圆的很难用扳手或套筒拧松的紧固件。大力钳有多重尺寸和钳口外形，在汽车修理中可以用于不同作业。大力钳输出力矩较大，还可以做临时性夹子使用，以便于腾出手做别的工作。

（4）尖嘴钳，如图 B-1-15 所示。尖嘴钳设有长锥形钳爪，这样有利于夹持小的零件或伸入细缝处，可以在工件边角的小部件上作业。

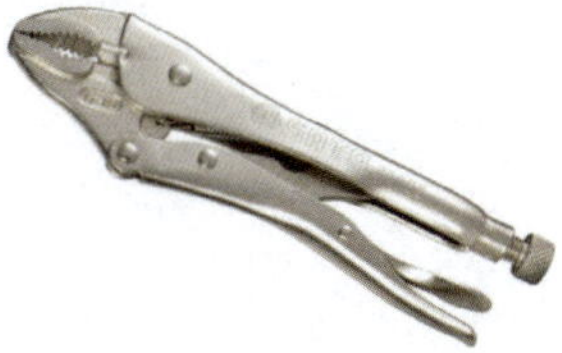

图 B-1-14　大力钳

图 B-1-15　尖嘴钳

（5）卡环钳，如图 B-1-16 所示。卡环钳又称卡簧钳、挡圈钳。卡环钳用来拆装各种卡环，为了防止钳爪滑动，钳口是凹形或锯齿形的。卡环钳有内卡和外卡两种，内卡钳用于安装内卡簧，外卡钳用于安装外卡簧。

（6）管钳，如图 B-1-17 所示。管钳主要用于夹持及旋转圆形钢管类或其他圆柱形工件，是管路的安装和修理工作中常用的工具。

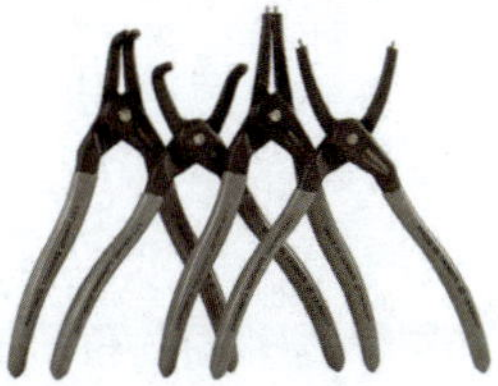

图 B-1-16　卡环钳

图 B-1-17　管钳

学习笔记

五、汽车维护保养常用量具

在从事测量作业时应尽可能采用精密的测量仪器，但不论何种测量仪器，在测量过程中总是会存在测定误差。而误差包括测量仪器的误差（制造和磨损产生的误差）以及测量者本身的误差（因测量者习惯以及视觉因素产生的误差）。因此，在进行测量时应该注意以下事项，才能保持测量仪器的精度和测量数据的准确性。

（1）进行测量时应使测量仪器与被测物体的温度一致。

（2）保持固定的测量动作。

（3）使用后注意量具的清理和维护，存放在不受灰尘和气体污染的场所。

（4）需要定期检查量具的精确度。

1. 塞尺

塞尺又称厚薄规或间隙片，如图 B-1-18 所示。塞尺是一组淬硬的钢条或刀片，这些淬硬钢条或刀片被研磨或滚压成精确的厚度。在汽车维修工作中主要用于测量气门间隙、触点间隙和一些接触面的平面度等。使用前必须将塞尺擦净且尽量减少重叠使用的片数，因为片数重叠过多会增加测量误差。

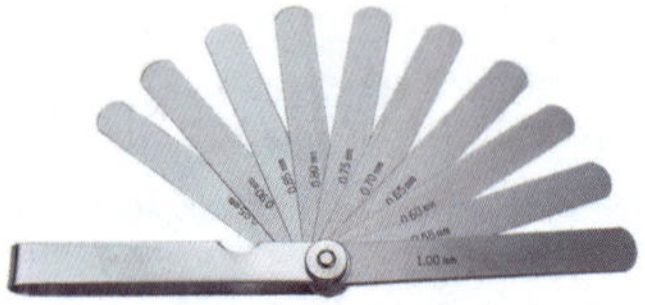

图 B-1-18　塞尺

塞尺标出的厚度单位为毫米（mm），可以单独使用，也可以将两片或多片组合在一起使用以便获得所要求的厚度，最薄的一片可以达到 0.02 mm。

使用塞尺测量时应根据间隙的大小，先用较薄片试插，逐步加厚，可以一片或数片重叠在一起插入间隙内，插入深度应在 20 mm 左右。例如，用 0.2 mm 的塞尺刚好能插入两工件的缝隙中，而 0.3 mm 的塞尺插不进，则说明两工件的结合间隙为 0.2 mm。

测量时必须将塞尺平整插入被测机件内，松紧适度，所插入的塞尺厚度即为间隙尺寸。严禁将塞尺用大力强硬插入缝隙测量。插入时应特别注意前端，不要用力过猛，否则容易折损或弯曲塞尺。

当塞尺同直尺一起使用时，塞尺可用来检查零件的平面度，如气缸盖的平面度。由于塞尺很薄，容易弯曲或折断，测量时不能用力太大。测量时应在结合面上多处检查取其最大值，即为两结合面的最大间隙量。测量后及时将塞尺测量片合到夹板中，以免损伤金属薄片。

2. 游标卡尺

游标卡尺简称卡尺，如图 B-1-19 所示。游标卡尺是一种测量长度、内外径、深度的量具。游标卡尺由主尺和附在主尺上能滑动的游标尺两部分构成。主尺一般以毫米为单位，而游标尺上则有 10 分度、20 分度或 50 分度之分。

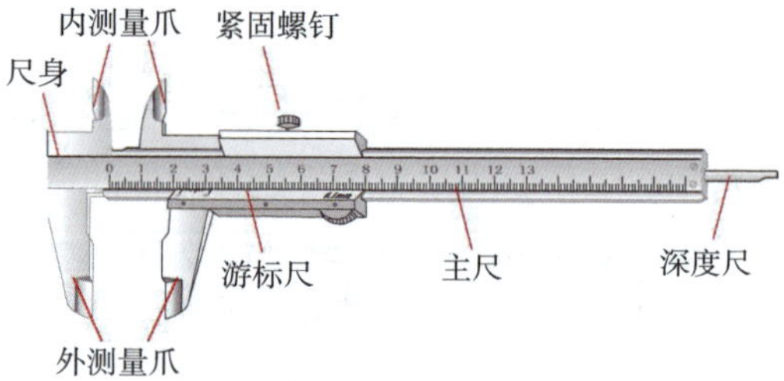

图 B-1-19　游标卡尺

游标卡尺的精确度见表 B-1-7。

表 B-1-7　游标卡尺的精确度

卡尺分类	主尺最小刻度 /mm	游标刻度总长 /mm	精确度 /mm
10 分度	1	9	0.1
20 分度	1	19	0.05
50 分度	1	49	0.02

学习笔记

（1）测量准备。使用前的检查使用游标卡尺时，应先依照下列事项逐一检查：

① 测定测量爪的密合状态尺身和游标的测量爪必须完全密合。内径测定用测量爪在密合状态下，能够看到少许光线表示密合良好；反之，如果穿透光线很多，则表示测量爪接触面密合不佳。

② 零点校正。当游标卡尺的测量爪密切结合后，卡尺尺身和游标上的零点必须相互一致才是正确的。

③ 游标的移动状况。游标必须能够在尺身上轻轻地来回移动，没有卡滞、异响现象。

（2）测量操作。在测量作业之前必须先清理测量零件及游标卡尺。测量外径时需要将零件深夹在测量爪中，然后用右手轻压游标卡尺，同时使测定零件和游标卡尺保持垂直状态。测量内径尺寸时，用两指轻轻拉开游标使尺身测量爪与测定零件保持正确的接触并轻轻上下晃动，读取指示的最大尺寸读数。

（3）游标卡尺的读数。读数时首先读出游标零线左边与尺身相邻的第一条刻线的整毫米数，查看游标尺上第几条刻线与主尺上刻线对齐，将有表上的格数乘以卡尺精度，即为毫米小数值。将主尺上的整数与游标尺上的小数值相加，即得到被测物体的尺寸。以 0.05 mm 精度的游标卡尺为例（见图 B-1-20），被测物体的长度为整数 + 小数，即 $L=22+3\times0.02=22.06$ mm。

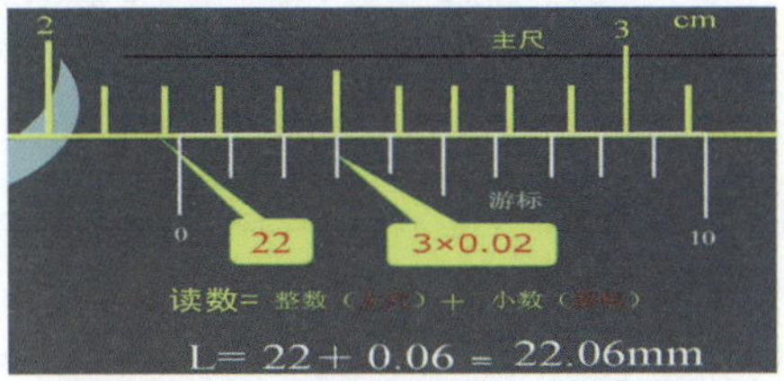

图 B-1-20　游标卡尺读数方法

3. 外径千分尺

外径千分尺又称螺旋测微仪，如图 B-1-21 所示。其测量精度可达 0.01 mm，是一种用于测量加工精度较高的零件尺寸的精密量具。常用的千分尺测量范围有 0 ~ 25 mm、25 ~ 50 mm、50 ~ 75 mm、75 ~ 100 mm 等。

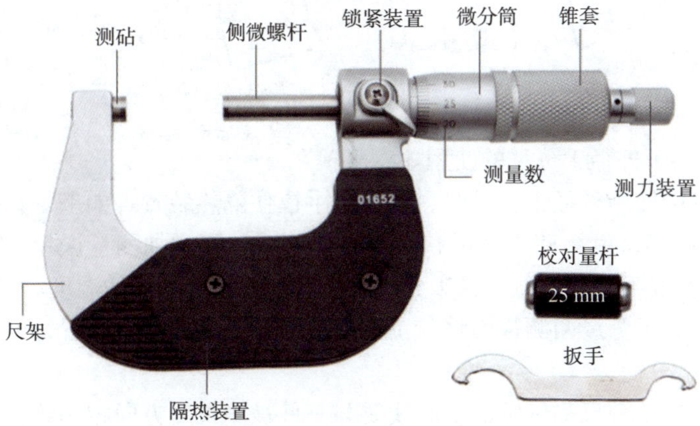

图 B-1-21　外径千分尺

（1）外径千分尺的刻线原理：固定套管上每相邻两刻线轴向每格长为 0.5 mm，测微螺杆的螺距为 0.5 mm，当微分筒转 1 圈时，测微螺杆就移动 1 个螺距 0.5 mm。微分筒圆锥面圆周上共等分 50 格，微分筒每转 1 格，测微螺杆就移动 0.01 mm，所以千分尺的测量精度为 0.01 mm。

（2）外径千分尺的读数方法：

① 读出固定套管上露出刻线的整毫米及半毫米数。

② 看微分筒哪一刻线与固定套管的基准线对齐，读出不足半毫米的小数部分。

学习笔记

③ 将两次读数相加，即为工件的测量尺寸，外径千分尺读数方法如图 B-1-22 所示。

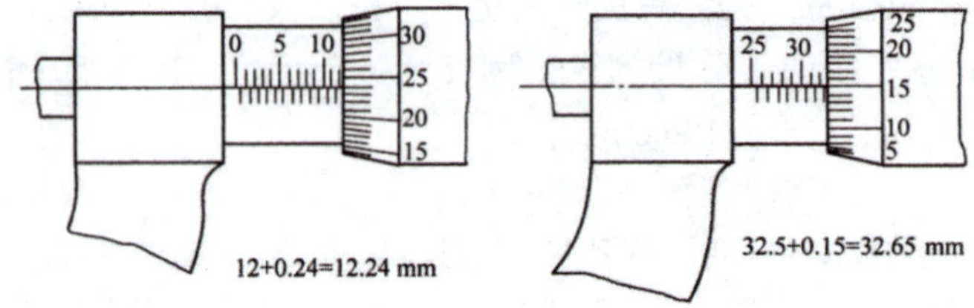

图 B-1-22　外径千分尺读数方法

（3）外径千分尺的使用注意事项：

① 使用外径千分尺时，一般用手握住隔热装置。如果手直接握住尺架，就会使千分尺和工件温度不一致而增加测量误差。在一般情况下，应注意外径千分尺和被测工件具有相同的温度。

② 千分尺两测量面将与工件接触时，要使用测力装置，不要转动微分筒。

③ 千分尺测量轴的中心线要与工件被测长度方向相一致，不要歪斜。

④ 千分尺测量面与被测工件相接触时，要考虑工件表面的几何形状。

⑤ 在测量被加工的工件时，工件要在静态下测量，不要在工件转动或加工时测量，否则易使测量面磨损，测杆扭弯，甚至折断。

⑥ 按被测尺寸调节外径千分尺时，要慢慢地转动微分筒或测力装置，不要握住微分筒挥动或摇转尺架，以致使精密测微螺杆变形。

⑦ 测量时，应使测砧测量面与被测表面接触，然后摆动测微头端找到正确位置后，使测微螺杆测量面与被测表面接触，在千分尺上读取被测值。当千分尺离开被测表面读数时，应先用锁紧装置将测微螺杆锁紧再进行读数。

⑧ 千分尺不能当卡规或卡钳使用，防止划坏千分尺的测量面。

4. 百分表

（1）百分表的结构。百分表由测头、量杆、下轴套、度盘、指针等组成，如图 B-1-23 所示。其读数准确度为 0.01 mm，主要用于测量形状和位置误差。

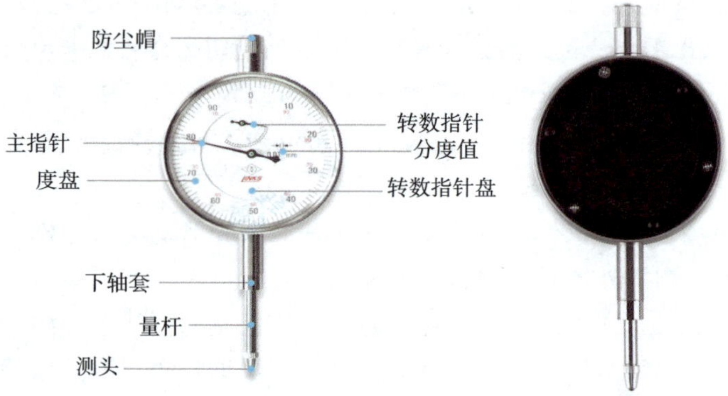

图 B-1-23　百分表

（2）百分表的读数。百分表表盘刻度分为 100 个刻度，每个刻度的分度值为 0.01 mm。使用时可以先转动表盘调节零刻度。当测量头移动 0.1 mm 时，大指针偏转 1 格；当测量头移动 1 mm 时，主指针偏转 1 周，转数指针偏转 1 格相当于调整百分表的位置和被测物体 1 mm。设置指针，使其位于移动量程的中心位置，然后转动被测物体并读出指针偏离值，待指针稳定后读取测量值。

（3）百分表的使用。在使用百分表时，首先要将其固定在磁性支架上，支架内部设有磁铁，旋转支座上的旋钮使表座吸附在工作台上，因而又称磁性表座。此外，百分表还可以和夹具、V 形槽和检测平板等合并使用。

学习笔记

5. 量缸表

量缸表（见图B-1-24）又称内径量表或内径百分表，如图B-1-24所示。它的上部是百分表，下部是量杆装置，上、下部有联动关系。它是一种用于测量孔径的比较性量具，在汽车保养中主要用于测量发动机气缸和轴承座的圆度、圆柱度误差或零件磨损情况。

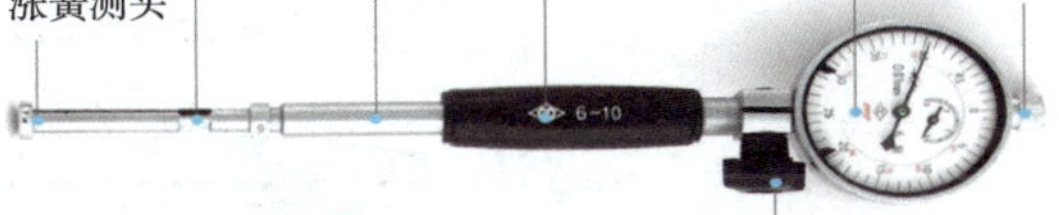

图 B-1-24　量缸表

六、汽车维护保养常用设备（见表 B-1-8）

表 B-1-8　汽车维护保养常用设备

序号	名称	样式	功能
1	防冻液冰点仪		测定乙二醇为基液加添加剂配制而成的防冻液和汽车前窗玻璃清洁液的冰点值
2	数字万用表		测量交流电流、直流电流、电压及电阻等多种电学参量的磁电式仪表

续表

序号	名称	样式	功能
3	便携式智能汽车故障诊断仪		检测汽车故障的便携式智能汽车故障自检仪，用户可以利用它迅速地读取汽车电控系统中的故障，并通过液晶显示屏显示故障信息，迅速查明发生故障的部位及原因
4	四轮定位仪		检测汽车车轮定位参数，并与原厂设计参数进行对比，指导维修技师对车轮定位参数进行相应调整，使其符合原设计要求，以达到理想的行驶性能
5	轮胎动平衡仪		找到轮胎所需要配重的重量和位置，通过在车轮两端的边缘处需要的配重位置添加配重“铅块”的方式，使轮胎质量分配平衡。保证轮胎在高速旋转时处于一个相对稳定的状态
6	灯光检测仪		测量机动车前照灯远光发光强度、远光光轴偏移量，近光明暗截止线交叉点、偏移量，以及前照灯基准中的高度及各项参数

七、《接车单》《4S 店保养单》

汽车服务接车单见表 B-1-9。

学习笔记

表 B-1-9　汽车服务接车单

来店时间：___年__月__日__时__分　　交车时间：__月__日__时__分

顾客姓名		车牌号		车型		车辆颜色	
顾客电话		行驶里程		VIN 号			
维修项目							
___km 常规保养 □　一般维修 □　事故车 □　洗车 □　其他 □							
维修项目	配件	工时	合计	维修项目	配件	工时	合计
1				8			
2				9			
3				10			
4				11			
5				12			
6				13			
7				合计：			
故障描述及诊断结果							

常见保养单见表 B-1-10。

表 B-1-10　常见保养单

保养项目		旧件	环车检查
机油		带走□ 不带走□	外观检查（有损坏处○出）
机滤		油量显示（用→标记）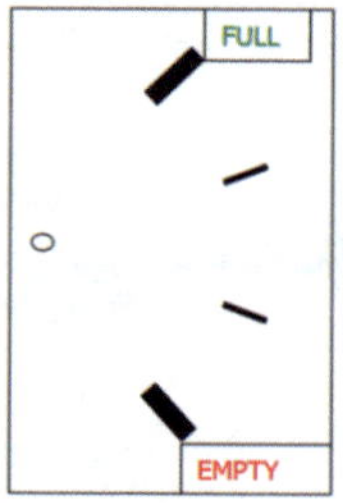	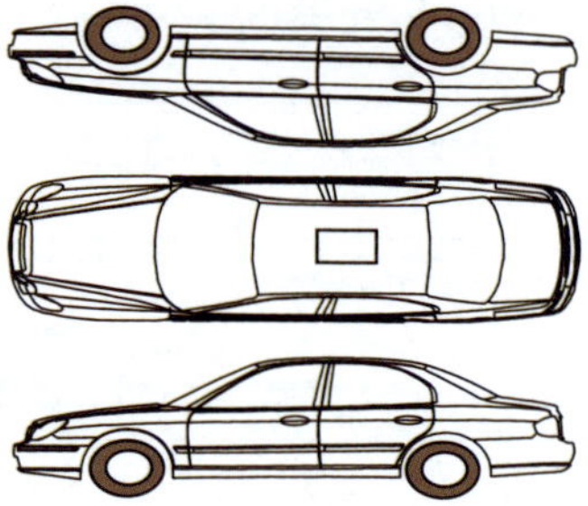
空滤			
汽虑			
空调滤			
火花塞			
变速器油			
转向油			
防冻液			
制动油			
全车皮带			
润滑清洗			
进气燃油		灯光检测	轮胎检测　　底盘检测
接车人签字：			顾客签字：

学习笔记

续表

保养间隔		里程表读数（×1 000 km）									月数
里程表读数或月数，以先到达为主		1	10	20	30	40	50	60	70	80	
项目：发动机基本部件											
1	发动机机油		R	R	R	R	R	R	R	R	12
2	发动机机油滤清器		R	R	R	R	R	R	R	R	12
3	冷却和加热系统					I				I	24
4	发动机冷却液					I				I	---
5	动力控制单元冷却液					I				I	---
6	排气管和装配件			I		I		I		I	12
项目：点火系统											
7	火花塞	依据火花塞材质及使用寿命进行更换									---
8	12 V 蓄电池		I	I	I	I	I	I	I	I	12
项目：燃油和排放控制系统											
9	燃油滤清器									R	96
10	空气滤清器滤芯			I		R		I		R	I:24 R:48
11	燃油箱盖、燃油管路、接头和燃油蒸气控制阀					I				I	24
12	碳罐					I				I	24
项目：底盘和车身											
13	制动踏板和驻车制动器		I	I	I	I	I	I	I	I	6
14	制动衬块和制动盘		I	I	I	I	I	I	I	I	6
15	制动液		I	I	I	R	I	I	I	R	I:6 R:24
16	制动管和软管			I		I		I		I	12
17	转向盘、转向传动机构和转向机壳			I		I		I		I	12
18	驱动轴套			I		I		I		I	24
19	悬架球头和防尘罩			I		I		I		I	12
20	变速器油（包括前差速器）					I				I	24
21	前悬架和后悬架			I		I		I		I	12
22	轮胎和轮胎气压		I	I	I	I	I	I	I	I	6
23	车灯、喇叭、刮水器和喷洗器		I	I	I	I	I	I	I	I	6
24	空调滤清器			R		R		R		R	---
25	空调制冷剂量			I		I		I		I	12

保养操作：I= 检查；R= 更换、更改或润滑

学习笔记

八、发动机机油

发动机机油分类见表 B-1-11。

表 B-1-11　发动机机油分类

组成成分	矿物质机油、半合成机油、全合成机油
SAE 等级 （黏度等级）	• 美国汽车工程师学会按机油黏度划分为冬季用机油和夏季用机油； • 冬季用油牌号有 SAE0W、SAE5W、SAE10W、SAE15W、SAE20W、SAE25W；W 代表冬季，W 前的数字越小，代表低温黏度越小，适用于温度较低的环境； • 夏季用油牌号有 SAE20、SAE30、SAE40、SAE50；数字越大，代表黏度越大，适用于较高的环境温度 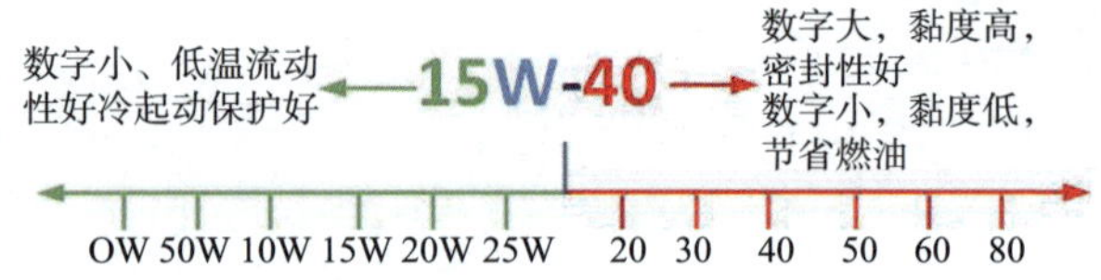 注：SAE 为“美国汽车工程师学会”的英文缩写，W 代表适合冬季用油
API 等级 （质量等级）	• API 机油使用分类方法也是美国汽车工程师学会广泛采用的机油分类法，把机油分为 S 和 C 两个系列 • 汽机油是 S 系列，目前有 SG、SJ、SL、SM、SN 级别机油，越往后级别越高，使用性能越好，越适应新技术发动机； • 柴机油是 C 系列，目前国内有 CE、CF、CH、CI 级别。级别越高，润滑、清洁效果越好 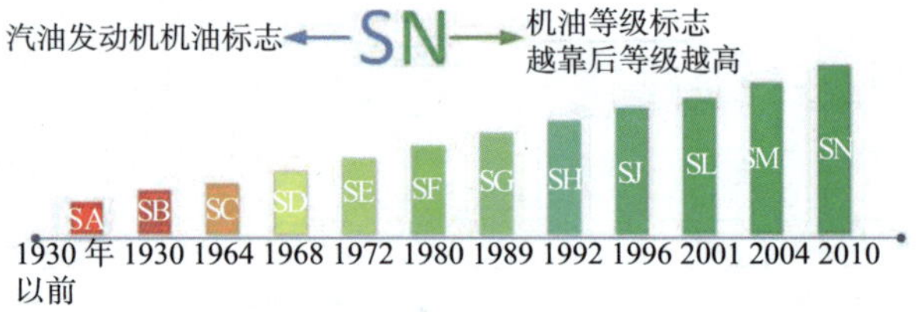 注：API 为“美国石油协会”的英文缩写，SN 为 API 等级现阶段最高质量级别

机油的使用误区见表 B-1-12。

表 B-1-12　机油的使用误区

误区 1 变黑就换	• 机油有清洁作用，能够清洁发动机内部的积碳和氧化物，并将其溶解，机油中的黑色物质，就是发动机内部积碳和氧化产物； • 无论多透亮的新机油，只要加入到发动机中工作一段时间都会变黑，这是机油在发挥它的清洁作用，变黑是正常现象，不是变黑就得换
误区 2 越稀越好	• 高端机油的黏稠度都比较低，新手车主会认为黏度越低的机油越好； • 机油黏度的选择需要参考说明书，只有适合的才能达到最佳的效果； • 机油黏度的选择还需要参考发动机的实际工况； • 黏度过低会导致车辆润滑不良； • 黏度过高会导致发动机运转阻力过大
误区 3 只添不换	• 机油本身具有清洁的性能，机油在使用过程中，由于污染、氧化等原因性能会逐渐下降，同时会有所消耗； • 如果只补充不更换机油，只能弥补数量上的不足，却无法完全补偿性能的损失
误区 4 私自改变添加剂	• 优质的机油是具备多种发动机保护功能的成品，配方中已含有多种添加剂，其中包括抗磨剂，而且机油最讲究配方的均衡以保障各种性能的充分发挥； • 自行添加其他添加剂不仅不能给设备带来额外保护，反而容易与机油中的化学物质发生反应，造成机油综合性能下降
误区 5 宁可多加不能少加	• 机油量应控制在机油尺的高、低刻度线之间； • 机油过多就会从气缸与活塞的间隙中窜入燃烧室燃烧形成积碳，这些积碳会提高发动机的压缩比，增加产生爆燃的概率； • 机油过多会增加曲轴连杆的搅拌阻力，使燃油消耗增大； • 机油过多会使得发动机内部压力增加，容易导致发动机密封件渗油

视频

B-2 矿物油与全合成机油的认识

学习笔记

机油黏度等级与环境温度的关系见表 B-1-13。

表 B-1-13　机油黏度等级与环境温度的关系

序号	环境温度 /℃	适宜黏度等级	序号	环境温度 /℃	适宜黏度等级
1	-40 ~ -18	5W	10	-15 ~ 35	15W/40
2	-35 ~ 35	5W/40	11	-15 ~ 10	20W
3	-35 ~ 28	5W/30	12	-15 ~ 20	20W/20
4	-20 ~ 18	5W/20	13	-5 ~ 35	20W/40
5	-25 ~ 0	10W	14	0 ~ 30	30
6	-20 ~ 35	10W/40	15	15 ~ 20	20
7	-20 ~ 28	10W/30	16	5 ~ 40	40
8	-20 ~ 20	10W/20	17	10 ~ 50	50
9	-20 ~ 5	15W			

学习笔记

项目二　知识拓展

表 B-2-1　轮胎标识

表 B-2-2　轮胎速度级别表

速度级别	K	L	M	N	P	Q	R
速度（km/h）	110	120	130	140	150	160	170
速度级别	S	T	U	H	V	W	Y
速度（km/h）	180	190	200	210	240	270	300

表 B-2-3　轮胎技术规格

①轮胎外径：在相应的轮辋上安装轮胎并按规定气压充气后，在没有承重时的轮胎直径。

② 轮胎总宽：包括轮胎侧面的文字及花纹的轮胎最大宽度，用 mm 表示。

③ 适用轮辋宽：适合轮胎性能的轮辋宽度。

- 标准轮辋：最适合的宽度和形状，用 in（1in=25.4 mm）表示。
- 适用轮辋：能够使用的轮辋。

④轮辋直径：指适合轮胎的车轮的轮辋直径，同轮胎内径相同，用 in 表示。

⑤轮胎断面宽：从轮胎的总宽中去除轮胎侧面的文字及花纹厚度的宽度，用 mm 表示。

⑥轮胎高：轮胎外径减去轮辋直径后的数值的 1/2。

⑦胎面宽：两面最突出部分的宽度。

⑧胎面半径：胎面部分的曲率半径。

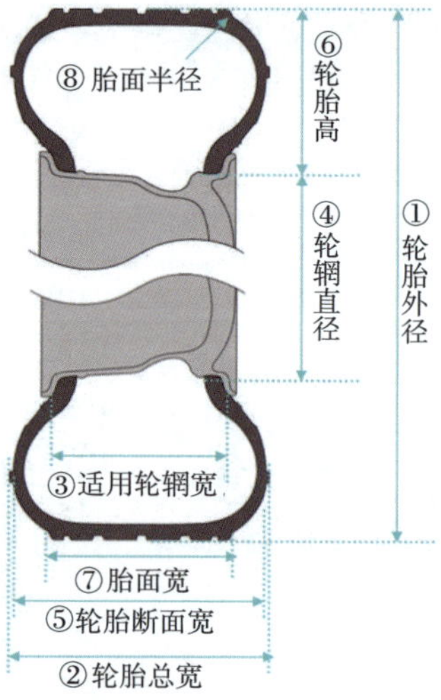

表 B-2-4　轮胎载重指数对照表

载重指数	86	87	88	89	90	91	92	93
载荷 /kg	530	545	560	580	600	615	630	650
载重指数	94	95	96	97	98	99	100	101
载荷 /kg	670	690	710	730	750	775	800	825
载重指数	102	103	104	105	106	107	10	109
载荷 /kg	850	875	900	925	950	975	1000	1030
载重指数	110	111	112	113	114	115	116	117
载荷 /kg	1 060	1 090	1 120	1 150	1 180	1 215	1 250	1 285

学习笔记

表 B-2-5 自动变速器三大分类

类型	名称	原理图
AT	自动变速器	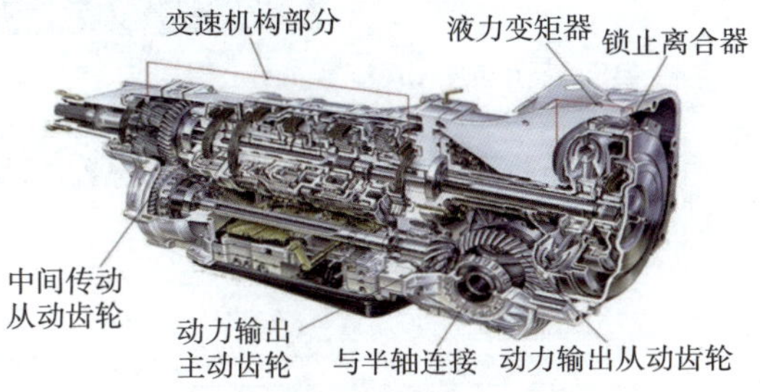
CVT	无级变速器	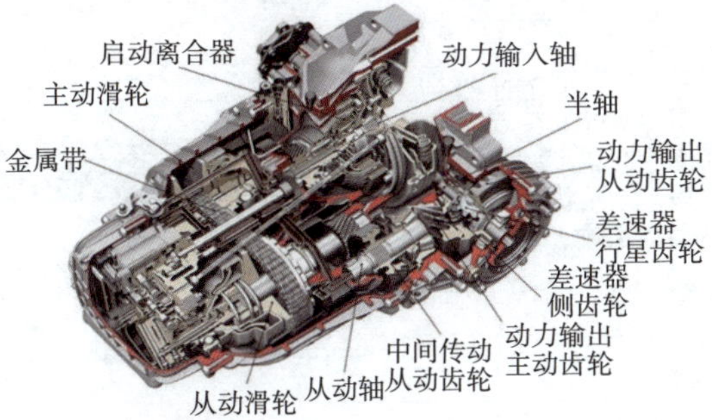
DSG	双离合变速器	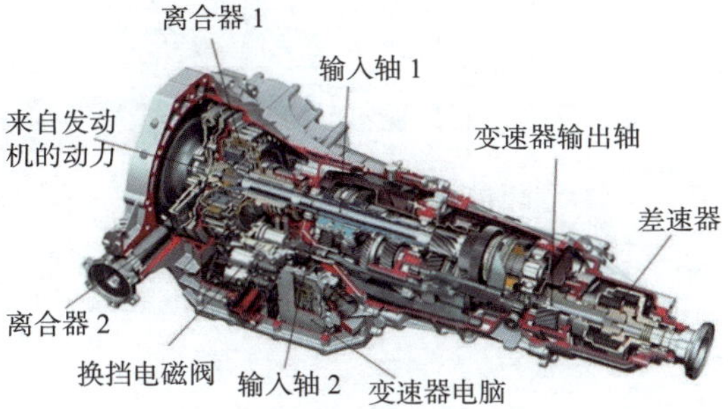

表 B-2-6 平衡块

作用	使车轮在高速旋转下保持动平衡，也就是俗称的轮胎动平衡		
按使用方法分类	粘贴式		挂钩式
	 • 使用范围广，适应于任何车型的轮辋； • 美观，附着在轮辋的内侧； • 粘贴固定，不伤害轮辋定； • 大小规格范围广，随意切换		 • 配重精准，动平衡效果好； • 可反复使用
按材质分类	材质	优点	缺点
	铁	• 生产过程中环保，低能耗； • 使用全过程无污染处理； • 可以反复使用，回收再利用	易生锈，耐腐蚀性差
	锌	• 光泽度好； • 耐腐蚀； • 环保无污染	• 价格高； • 制造时耗电量高，污染大
	铅	• 价格低廉； • 制造简单	• 重金属污染大； • 生产工艺陈旧，高能耗，高污染； • 报废后处理难度高

学习笔记

项目三　知识拓展

冷却系统组成及功用：

（1）压缩机：提高制冷剂的压力，促使其在冷凝器中液化放热，并且作为动力源，促使制冷剂在系统内循环流动。它是空调系统的心脏。

（2）制冷剂：目前大部分小汽车上用的制冷剂有 R-12 制冷剂和 R-134a 制冷剂两种。R-12 制冷剂是一种普通制冷剂，含有会破坏臭氧层的物质氟利昂，而且在明火下会生成对人体有害的物质；而 R-134a 是一种新型环保制冷剂，具有无毒、无色、不燃不爆、热稳定性好等性质，更重要的是 R-134a 制冷剂不损害臭氧层。

（3）冷凝器：将高温高压气态制冷剂冷却为高温高压液态制冷剂。

（4）储液干燥器：过滤制冷剂中的水分和杂质，储存制冷剂，保障制冷机不间断地输送到膨胀阀。

（5）空调管道：由于要注入一定压力的制冷剂，所以必须采用金属管道。特别是从压缩机到冷凝器到制冷剂瓶到膨胀阀这段，由于属系统的高压段所以比其他管道有更高的耐高压要求。

（6）膨胀阀：通过节流将高温高压液态制冷剂变为低温低压液态制冷剂。

（7）蒸发器：低温低压液态制冷剂在蒸发器里吸热，进行热交换，变成低温低压的气态制冷剂。

（8）鼓风机：将冷却后的空气不断吹入车厢。

下面给出自动感应刮水器的工作原理和双人快保养的操作流程，见表 B-3-1 和表 B-3-2。

表 B-3-1　自动感应刮水器的工作原理

红外反射式雨量传感器	发光二极管发出的光经过透镜系统调整后，成平行光状态照射到风窗玻璃上	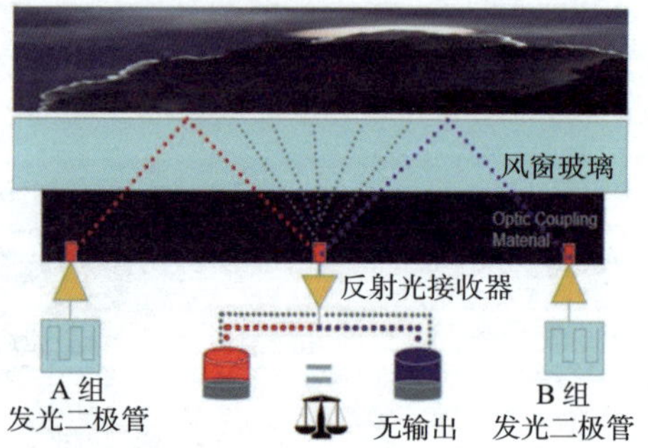
	当玻璃干燥时、光线将发生全反射，并经过透镜系统成平行光状态被接收器件接收，输出最大值 100%	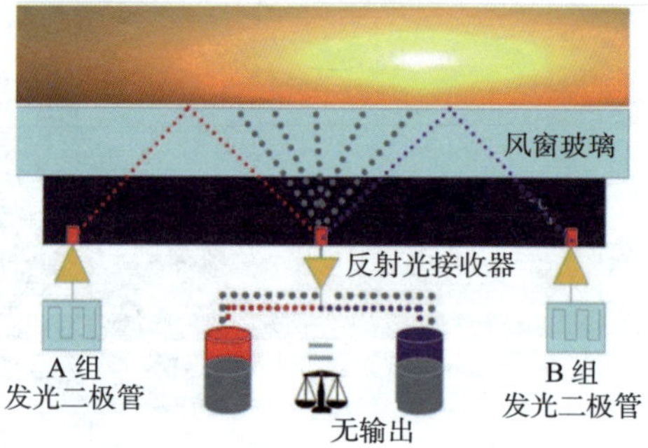
	当玻璃上有雨水、雨滴时，由于折射率改变，光线将不能发生全反射，而是视水滴面积大小发生部分反射，此时接收管只收到部分信号，按照百分率比值能够计算出雨量大小	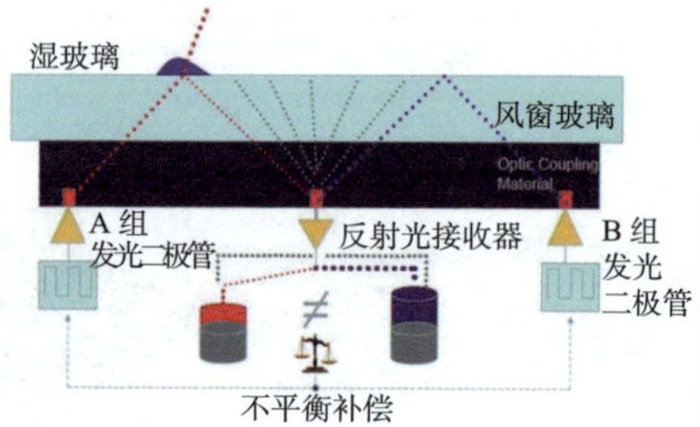

学习笔记

表 B-3-2　双人快保养操作流程

环节	A 技师								B 技师							
	步骤	技师位置	操作项目	操作方法	操作标准	注意事项	时间(s)	A时间合计	B时间合计	步骤	技师位置	操作项目	操作方法	操作标准	注意事项	时间(s)
环节一：准备工作(100 s)	1	工位内	接受任务，阅读工单	（1）接受服务顾问指派	服务顾问将开具的快保派工单，传递给快保班组，并当面交代相关事项	特别注意对客户的相关物品情况说明	5	20	20	1	工位内	接受任务，阅读工单	（1）接受服务顾问指派	服务顾问将开具的快保派工单，传递给快保班组，并当面交代相关事项	特别注意对客户的相关物品情况说明	5
				（2）阅读工单内容	快保班组接到工单后需要对交车时间、维修工项等要求进行确认	如发现问题，需等快保SA找客户确认好后再进行维修车辆	5						（2）阅读工单内容	快保班组接到工单后需要对交车时间、维修工项等要求进行确认	如发现问题，需要等快保服务顾问找客户确认好后再进行维修车辆	5
				(3)与B技师做工作前的沟通	沟通信息要明确	不要遗漏如车型.保养项目等信息	10						（3）与A技师做工作前的沟通	沟通信息要明确	不要遗漏如车型、保养项目等信息	10
	2	车辆四周	复检外观	（1）从驾驶员侧逆时针方向检查外观	（1）对车辆进行外观全覆盖检查； （2）根据工单上的外观标注重点检查	发现外观与记录不一致及时与快保SA联系	30	40	30	2	领料处	领取配件	按工单要求领取配件	与库管核对车号、工单号，配件型号、数量等不能产生误差。领料时，应主动报出套餐的项目，以提高领料效率	配件号、数量与车型必须一致	30
				（2）确认三件套使用	确保三件套安装到位	不能弄坏三件套，以免脏污车辆内部	10		10	3	工位内	准备工具、配件、诊断电脑	将工具箱（车）、配件小车、GDS2全球诊断工具等摆放好	（1）将备件和工具按照A、B技师的需求分成两组； （2）准备保养表、翼子板护布 （3）准备GDS2全球诊断工具等	按取用最方便、最省时间的原则摆放	10

学习笔记

续表

环节	A技师								B技师							
	步骤	技师位置	操作项目	操作方法	操作标准	注意事项	时间(s)	A时间合计	B时间合计	步骤	技师位置	操作项目	操作方法	操作标准	注意事项	时间(s)
环节一：准备工作(100 s)	3	驾驶座	检查操控机构	(1)检查制动踏板、离合器踏板（手动挡）、加速踏板的操作感觉	制动踏板、离合器踏板（手动挡）、加速踏板行程间隙合适、自动回位功能正常，无干涉、卡滞现象	如体验有不合适，则重点检查	5	10	5	4	工位内	检查工位安全	检查并调整举升器支臂，站在举升器驾驶员侧	(1)升降器的4个支臂应灵活、无卡滞现象，升降器的机械锁止（保险机构）状态良好； (2)调整举升器支臂伸出长度使其与车型匹配	升降机必须每日工前点检，使用前再次检查其性能完好	5
				(2)检查转向盘调节功能和间隙状态	能正常调节与锁止，无松动现象，无明显的间隙	最后将转向盘位置放正	5		5	5		做工作准备	使气管、工作灯等处于就绪状态	(1)气管拉动顺畅，锁止可靠、回位正常； (2)工作灯安全且能正常工作	注意工作灯线缆无破损	5
	4	驾驶座	车辆驶入工位	(1)起动发动机，检查仪表	发动机起动顺畅，仪表内无各种异常报警与提示	如有异常，则进行记录并重点关注	4	30	30	6	驾驶员侧工位	引导A技师进入工位	(1)引导A技师将车辆开入工位	(1)引导A技师按照行车线和停止线将车停入工位； (2)边看车辆边引导、引导要规范	要看清车辆状态，避免盲目引导，注意自身安全	28
				(2)排挡杆检查	(1)排挡杆无松动现象； (2)能顺畅、无卡滞地置入和退出各挡位	最后置入前进挡位驶入工位	2						(2)将检测电脑交给A技师	从左前窗口递给A技师，诊断DLC接口与GDS2全球诊断工具处于完好状态	不要在传递过程中摔落	2

学习笔记

续表

环节	A 技师								B 技师							
	步骤	技师位置	操作项目	操作方法	操作标准	注意事项	时间(s)	A 时间合计	B 时间合计	步骤	技师位置	操作项目	操作方法	操作标准	注意事项	时间 (s)
				（3）检查喇叭功能	（1）进入工位前必须鸣笛，检查喇叭功能并且提醒 B 技师注意引导； （2）喇叭能正常发声，无破声、杂音	仔细辨别声音，并不是有声音就正常	2									
环节一：准备工作（100 s）	4	驾驶座	车辆驶入工位	（4）车辆停入快保工位	（1）以快保工位的中间轴为基准驶入快保工位； （2）左侧轮胎外沿与地面行车线对齐，左前轮轴心与停止线垂直； （3）车辆停止位置，应符合相关车型定位线的要求，以方便开门与车辆升降	如停车不规范，则重新停放	20		30	6	驾驶员侧工位	引导 A 技师进入工位	（3）与技师 A 交流信息	将检查、准备过程中发现的信息与 A 技师交流	交流明白	
				（5）车辆停稳，与 B 技师交流信息	（1）将挡杆置入 P（手动置空挡）； （2）接收 B 技师传递过来的 GDS2 全球诊断工具	接稳 GDS2 全球诊断工具	2									

学习笔记

续表

环节	A技师								B技师							
	步骤	技师位置	操作项目	操作方法	操作标准	注意事项	时间(s)	A时间合计	B时间合计	步骤	技师位置	操作项目	操作方法	操作标准	注意事项	时间(s)
环节二：外部灯光检查（100 s）	1	驾驶座	检查刮水器与喷水功能	（1）检查刮水器与喷水功能	（1）操作刮水器控制柄进行喷水，确认各挡位刮水功能正常； （2）无异响，刮水器片不跳动； （3）喷水有力，水量充足； （4）喷水嘴喷水角度正常，喷水区域应在风窗玻璃左右区域中间，如有偏离则调整	不要遗漏检查某个挡位，如喷水角度不正常，则使用喷水嘴调整工具进行调整	5	10	20	1	车辆前方	用灯光手势指挥技师A检查前部灯光	（1）用手势、语言指示A技师刮水器操作	（1）手势正确、语音清晰，确保A技师不生产误解； （2）配合A技师查看刮水器与喷水装置是否正常	站立位置正确（车辆正前方1.5 m）	10
				（2）检查刮水器起止位置	起止于风窗玻璃下沿上方8～10 cm	需要观察仔细	3									
				（3）检查刮水器洁净程度及喷水	刮水器应将水刮干净，无模糊现象，如刮不净则检查是玻璃问题还是刮水器问题	刮水器片老化则提示更换	2									
	2	驾驶座	检查前部灯光	（1）检查示宽灯、近光灯、前雾灯开关功能与相应的灯光	（1）打开示宽灯、近光灯、前后雾灯； （2）相应的灯光必须正常点亮且亮度符合要求	检查仪表或灯光开光上相应指示灯是否正常，如有车前凸面镜，可对照检查前部灯光是否齐全	2	10					（2）用手势、语言指示A技师进行灯光开关操作	（1）用标准手势； （2）检查灯光是否正常； （3）即时将检查结果信息告知A技师	站立位置正确（车辆正前方1.5 m）	10

学习笔记

续表

环节	A 技师								B 时间合计	B 技师						
	步骤	技师位置	操作项目	操作方法	操作标准	注意事项	时间(s)	A 时间合计		步骤	技师位置	操作项目	操作方法	操作标准	注意事项	时间(s)
环节二：外部灯光检查（100 s）	2	驾驶座	检查前部灯光	（2）检查远近光开关及变光功能	（1）打开远光灯开关； （2）左右远光灯点亮且光柱符合要求（若不符要求，使用一字起或十字起调整）； （3）变光符合要求		3									
				（3）检查左转向灯、右转向灯和危险警告灯功能	（1）操作左右转向灯开关； （2）观察闪光频率是否正常		5									
	3	驾驶座	检查后部灯光	（1）保持闪光开关和示宽灯开关处于打开状态，并打开后雾灯	保持闪光开关和示宽灯开关处于打开状态		2	10	10	2	车辆后方	指挥A技师检查后部灯光	（1）检查左尾灯、后雾灯、牌照灯、倒车灯、右尾灯是否正常	（1）查看左尾灯、后雾灯、牌照灯、倒车灯、右尾灯是否正常点亮； （2）即时将查看结果告知A技师	站立位置正确（车辆正后方1.5 m）	5
				（2）检查左右转向灯、危险报警灯，检查车前和仪表显示灯是否正常	（1）听B技师口令分别打开左右转向开关、危险报警灯开关； （2）确认开关功能正常、左右转向灯正常、危险报警灯正常、仪表显示正常	边操作开关，边观察转向指示灯与仪表	2									

学习笔记

续表

环节	A技师								B技师							
	步骤	技师位置	操作项目	操作方法	操作标准	注意事项	时间(s)	A时间合计	B时间合计	步骤	技师位置	操作项目	操作方法	操作标准	注意事项	时间(s)
环节二：外部灯光检查（100 s）	3	驾驶座	检查后部灯光	（3）检查制动灯	（1）踩制动踏板，辅助检查制动灯； （2）左右、高位刹车灯正常	不需要紧急踩制动踏板，轻踩就行	2		10	2	车辆后方	指挥A技师检查后部灯光	（2）与A技师配合检查左转灯、右转灯、危险报警灯、制动灯，检查各灯光是否正常	（1）依次向A技师发口令："左转灯、右转灯、危险报警灯、制动灯"引导A技师按正确的顺序进行相应的灯光开关操作； （2）查看各灯光是否正常； （3）即时将检查结果告知A技师	站立位置正确（车辆正后方1.5 m）	5
				（4）将挡杆置入R挡（手动置倒挡）	能比较顺畅地挂入R挡	踩住制动踏板挂挡	4									
	4	驾驶座	检查倒车雷达	检查倒车雷达报警是否正常	（1）听B技师口令，仔细聆听倒车警告音是否正常； （2）确认远距离报警与近距离报警声音都正常，并向B技师反馈检查信息	需要确认两种报警声音（长音与短音）	8	8	90	3		检查倒车雷达功能	（1）从左向右依次检查倒车雷达	（1）边用手慢慢垂直靠近左后倒车雷达，边询问A技师车内是否有倒车雷达报警声音； （2）与A技师确认长距离与短距离报警声音都正常	两种距离报警都要确认	20
	5	驾驶座	打开发动机舱盖	检查发动机舱盖、油箱盖、后尾箱盖打开功能	（1）拉发动机舱盖拉索，打开油箱盖与后尾箱盖，手感明显； （2）能正常打开； （3）听到B技师口令，完毕后向A技师发口令"关灯"	将拉索拉到底	2	2					（2）检查后备厢灯	（1）打开后备厢盖，用手拢在后备厢灯处，检查灯光是否正常，检查时保持后备厢盖打开； （2）完毕后向A技师发口令"关灯"		10

续表

学习笔记

环节	A 技师								B 技师							
	步骤	技师位置	操作项目	操作方法	操作标准	注意事项	时间(s)	A 时间合计	B 时间合计	步骤	技师位置	操作项目	操作方法	操作标准	注意事项	时间(s)
环节二：外部灯光检查(100 s)	6	驾驶座	电脑自诊断	查询故障记录并清除	（1）将GDS2全球诊断工具连接，进行电脑自诊断，读取故障存储器内容，消除故障记录； （2）打开空调开关，检查发动机工况状态有无异常； （3）使用便携温度计，检测出风口温度是否符合相关标准	清除故障码前在保养检查单上进行记录，并向SA说明	80	80	90	3	车辆后方	检查倒车雷达功能	（3）安装尾排，协且A技师记录发动机工况数据	（1）安装完尾排，向A技师发出“起动”口令； （2）根据双人快保报告相关数据要求记录	不要忘掉向A技师发出“启动”口令	60
环节三：车辆内部及发动机前部检查（更换空调滤芯）（160 s）	1	驾驶座	检查升降所有门窗玻璃	检查玻璃升降器的控制开关及升降功能、天窗启闭开关功能	（1）所有玻璃升降器开关能控制玻璃升降，点动功能正常，一键升降功能正常，防夹功能正常； （2）天窗移动、启闭功能正常	测试防夹功能需要谨慎，检查完毕关闭发动机	15	15	20	1	车辆前方	车身防护，检查刮水器	（1）检查刮水器器片	（1）从车辆的后部回到车前，检查刮水器片是否安装到位；检查橡胶是否变硬、老化； （2）用清洁布清洁橡胶材料	提、放刮水器片（臂）时要缓慢，特别是放下时不能弹坏前风窗玻璃	10
	2	驾驶座	检查驻车制动杆、中控门锁、车内灯光、收音机、空调及时钟	（1）检查驻车制动杆功能（电子制动另写）	（1）驻车制动杆拉起齿数为2～5齿； （2）拉起与放松驻车制动杆顺畅，无卡滞，力度适宜	缓慢地拉起与松开	5	50					（2）放置翼子板衬垫、前杠保护罩、打开前机盖	（1）用翼子板护布可靠地保护车身两前翼子板； （2）覆盖前杠保护罩覆盖； （3）找准机盖拉扣，打开前机盖	护布与车型匹配	10

学习笔记

续表

环节	A 技师									B 技师						
	步骤	技师位置	操作项目	操作方法	操作标准	注意事项	时间(s)	A 时间合计	B 时间合计	步骤	技师位置	操作项目	操作方法	操作标准	注意事项	时间(s)
环节三：车辆内部及发动机前部检查（更换空调滤芯）（160 s）	2	驾驶座	检查驻车制动杆、中控门锁、车内灯光、收音机、空调及时钟	（2）检查仪表驻车制动杆指示灯	拉起驻车制动杆后指示灯亮起，松开驻车制动杆后指示灯熄灭，如为电子制动，需要注意仪表上显示的开启、关闭报警信息是否正常	将挡杆置入N(手动置空挡）	3	50	40	2	车辆前方	用专用设备检查蓄电池电压及紧固蓄电池桩头（或更换）	（1）清洁蓄电池	（1）拆下蓄电池护罩（根据需要）； （2）用清洁布擦拭蓄电池表面灰尘等不洁之物	将蓄电池护罩放置于工具车内	10
				（3）检查车辆中控锁功能	（1）使用遥控器按钮上锁 / 开锁，观察门锁状态是否统一关闭 / 打开； （2）按中控锁开关，观察门锁状态是否统一关闭 / 打开	注意观察四门锁销的状态	3						（2）检查蓄电池与电极	（1）用合适的扳手规定的扭力，检查蓄电池和极柱电缆接头安装是否牢固； （2）蓄电池有无破损漏液	如蓄电池破损漏液，则需更换	10
				（4）检查仪表灯光显示功能	（1）用手拢在仪表处，检查仪表背光是否正常； （2）调节仪表亮度按钮，检查仪表亮度是否变化； （3）用手分别拢在车内各按钮处，检查各按钮夜视背光功能是否正常 （4）从左向右检查左遮光板灯、顶灯、右遮光板灯、手套箱灯，用手拢在各灯光处，检查是否正常	将灯光开关放在示宽灯位置	3						（3）清洁极柱	（1）用清洁布擦拭电瓶； （2）如极柱有腐蚀，则需要用弱碱液或热水清洗	不能用手直接触碰腐蚀的电极	10

学习笔记

续表

环节	A 技师								B 技师							
	步骤	技师位置	操作项目	操作方法	操作标准	注意事项	时间(s)	A时间合计	B时间合计	步骤	技师位置	操作项目	操作方法	操作标准	注意事项	时间(s)
环节三：车辆内部及发动机前部检查（更换空调滤芯）（160 s）	2	驾驶座	检查驻车制动杆、中控门锁、车内灯光、收音机、空调及时钟	（5）检查仪表时钟	（1）查看仪表时钟显示是否准确（与手机显示误差不超过 1 min）；（2）如时钟显示不准确，则需要调整	尽量一次调整到位	5	50	40	2	车辆前方	用专用设备检查蓄电池电压及紧固蓄电池桩头（或更换）	（4）测试蓄电池状态	（1）用蓄电池分析仪测试蓄电池状况；（2）打印测试报告附于委托书（工单）	蓄电池测试在发动机熄火状态下进行	10
				（6）打开音响开关，调整音量，检查其功能	（1）各扬声器均能发音，无杂音、破音；（2）音量能随开关的调整而变化	辨别仔细	5		15	3	车辆前方	清洁并检查发动机舱内情况	（5）清洁发动机舱	用刷子、抹布简单清洁发动机舱	不用气枪吹	10
				（7）检查音响屏幕显示	（1）音响显示屏无缺屏；（2）显示亮度随仪表灯光调节而变化	观察仔细	3						（6）拆卸发动机护罩	拆卸发动机护罩，正面朝上放在工具车上	不能掉落密封圈、卡簧等	5
				（8）将音响复位	（1）将音响调整至客户进厂时的初始状态；（2）关闭音响	记住调整前的初始状态	5		30	4	车辆前方	检查冷却液，助力油，制动油油位及品质	（1）检查制动油	（1）用手电筒检查制动油液面是否在上、下刻度之间；（2）油质清纯不浑浊；（3）盖紧制动油壶盖	如油平面太低，则要查明原因	10
				（9）检查空调开关与风量开关（旋钮）	（1）打开空调开关，将风量逐级调至最大，检查风量变化；（2）风量应逐渐变大		5						（2）检查冷却液	（1）检查冷却液面在上、下刻度之间；（2）用冰点测试仪确认冷却液没有混入其他杂质；（3）盖紧冷却液壶盖	如冷却液液平面太低，则要查明原因	10

学习笔记

续表

环节	A技师								B技师							
	步骤	技师位置	操作项目	操作方法	操作标准	注意事项	时间(s)	A时间合计	B时间合计	步骤	技师位置	操作项目	操作方法	操作标准	注意事项	时间(s)
环节三：车辆内部及发动机前部检查（更换空调滤芯）（160 s）	2	驾驶座	检查驻车制动杆、中控门锁、车内灯光、收音机、空调及时钟	（10）检查各风向按钮功能	（1）打开各风向控制按钮，无卡滞现象； （2）检查各开关功能，从左向右检查各出风口的风量； （3）开闭各风向调节功能	不要遗漏检查每一个按钮	13	50	30	4	车辆前方	检查冷却液，助力油，制动油油位及品质	（3）检查助力油	（1）检查冷却液面在上、下刻度之间； （2）用手电筒检查助力油液面是否在上、下刻度之间； （3）盖紧助力壶壶盖	如助力油液平面太低，则要查明原因	5
													（4）检查玻璃水	打开玻璃水加注盖，检查是否可看到液面，必要时添加	确保没有泄漏	5
									20	5	车辆前方	检查各油路、气路、容器和接头有无渗漏、破损、干涉现象	（1）检查发动机是否有漏油现象	用手电筒从发动机上面、侧面、左右各方向检查发动机是否有漏油现象	必要时用借助电筒、工作灯等	5
	3	驾驶座	检查前排安全带	检查安全带调节、拉紧及卡扣功能	（1）前排安全带（前左、前右）的高度调节功能正常； （2）轻拉则松，急拉则止； （3）安全带扣按钮灵活，能锁紧	插上带扣时观察仪表相应的显示	20	20					（2）检查刹车油管是否渗漏，是否有机械干涉	用手电筒目视检查制动油管是否渗漏，是否有机械干涉	发动机处于熄火状态，点火开关打开	5

学习笔记

续表

环节	A 技师								B 技师							
	步骤	技师位置	操作项目	操作方法	操作标准	注意事项	时间(s)	A 时间合计	B 时间合计	步骤	技师位置	操作项目	操作方法	操作标准	注意事项	时间(s)
环节三：车辆内部及发动机前部检查（更换空调滤芯）（160 s）	4	驾驶座	检查前排座椅	（1）检查座椅调节功能	（1）座椅各方向调节开关（按钮）均能正常调节； （2）座椅恢复到原始位置（如身材合适）	不能长时间按开关（按钮）	20	30	20	5	车辆前方	检查各油路、气路、容器和接头有无渗漏、破损、干涉现象	（3）检查各线路及插头	用手触摸检查各电线及插头有无老化、破损、松动和干涉现象	发现问题需记录并报告 SA	5
				（2）检查座椅固定状态	用手抓住座椅靠背晃动座椅，座椅无松动现象	注意姿势	10						（4）检查各橡胶件	用手触摸检查各橡胶件有无老化破损现象	发现问题需记录并报告 SA	5
	5	驾驶座	检查烟灰缸功能并清洁	（1）打开烟灰缸盖.盒	能顺畅地打开烟灰缸盖，无卡滞	轻按，否则有顺坏可能	5	15	35	6	车辆前方	清洁发动机机油加注口，打开机油盖	（1）擦拭加注盖四周	（1）打开加机油盖观察盖及密封圈是否完好，将盖倒放在工具车上； （2）擦拭加注盖四周	避免机油二次污染	5
				（2）检查点烟器功能	（1）按下点烟器等待数秒； （2）点烟器能自动弹出，且点烟器头呈红热状态	不要用手触摸点烟器头部	10						（2）擦拭机油加注口和机油尺四周	（1）保持前机盖打开，拔出机油尺，观察有无损伤； （2）用抹布擦拭机油加注口和机油尺四周	避免机油二次污染	30
	6	副驾驶座	检查或更换空调空滤	根据委托书要求：检查或更换空调滤清	按操作要求更换，擦净灰尘		30	30					（3）拆除尾排			

学习笔记

续表

环节	A 技师								B 技师							
	步骤	技师位置	操作项目	操作方法	操作标准	注意事项	时间(s)	A时间合计	B时间合计	步骤	技师位置	操作项目	操作方法	操作标准	注意事项	时间(s)
环节四：支承车辆、举升车辆（半）130s	1	驾驶员侧举升器	支撑车辆	将驾驶员侧举升器的胶垫，支撑车辆	用手比画将驾驶员侧举升机支臂上的胶块安放至车辆底部正确支撑点正下方	胶块完好、无破损	10	10	10	1	副驾驶员侧举升器	支撑车辆	将副驾驶员侧举升器的胶垫，支撑车辆	用手比画将副驾驶员侧举升机支臂上的胶块安放至车辆底部正确支撑点正下方	胶块完好、无破损	10
	2	车辆左前左后	拧松螺栓	松开车身左侧轮胎螺栓	用轮胎扳手松开螺栓	松开即可	30	30	30	2	车辆右前右后	拧松螺栓	松开车身左侧轮胎螺栓	用气动扳手松开螺栓	松开即可	30
	3	驾驶员侧举升器	确保正确支撑	（1）向B技师做升车手势	检查并保证驾驶员侧车辆支撑安全后向B技师做升车手势	保证安全，手势正确	5	10	10	3	驾驶员侧举升器	升车至车辆车轮离开地面确保正确支撑	（1）检查车辆支撑安全	检查并保证驾驶员侧车辆支撑安全后向B技师做升车手势	保证安全	5
				（2）再次检查支撑安全	举升器胶垫与车身完全接触后，再次检查司机侧车辆支撑，保证安全后向B技师做升车手势	如发现支撑点不正确，则告知B技师降车	5						（2）小距离升车	看到A技师升车手势后，按升车按钮升车一小段距离	升车时观察车辆是否稳定	5

学习笔记

续表

环节	A 技师								B 技师							
	步骤	技师位置	操作项目	操作方法	操作标准	注意事项	时间 (s)	A 时间合计	B 时间合计	步骤	技师位置	操作项目	操作方法	操作标准	注意事项	时间 (s)
环节四：支承车辆、举升车辆（半）130s	4	工位内	工作准备	（1）A 技师举升车辆的同时，为 B 技师准备零件	再次确认配件型号、数量：机油、机滤、垫片、机油添加剂和机油保护剂等	配件型号与数量与车型匹配	40	80	10	3	驾驶员侧举升器		（3）再次检查支撑安全	举升器胶垫与车身完全接触后，再次检查副驾驶员侧车辆支撑并保证安全	确保支撑安全，如发现支撑点不正确，则降车	0
				（2）准备相应工具	工具分类摆好，包括 A/B 技师的专用工具：胎压表、轮胎深度测量尺、扭力扳手和制动片厚度测量尺等	确保工具性能完好	20		80	4		升车	（1）再次升车	（1）看到 A 技师升车手势后，升车；（2）将车辆举升到合适的操作位置	升车过程中需要注意车辆状态平稳	80
				（3）向量杯中倒入适量机油	（1）量杯摆放平稳；（2）向量杯中倒入规定数量、型号的机油	如委托书中注明使用高等级机油，则要使用注明的机油	20		0				（2）锁住支承臂升车至操作位置	升车至操作位置并锁住支承臂确认车辆平稳	严禁在没有锁住的升降机底下工作	0
环节五：拆卸轮胎，检查或更换制动片，举升车辆（全）290 s	1	前部底盘	拆卸发动机护板	从副驾驶员侧开始拆卸护板	从副驾驶员侧开始拆卸护板，将护板放在工具车上，螺钉放在收集盒里	摆放整齐	10	10	20	1	前部底盘	拆卸发动机护板	配合 A 技师从副驾驶员侧开始拆卸护板	从副驾驶员侧开始拆卸护板，将护板放在工具车上，螺钉放在收集盒里	摆放整齐	20

学习笔记

续表

环节	A 技师								B 技师							
	步骤	技师位置	操作项目	操作方法	操作标准	注意事项	时间(s)	A 时间合计	B 时间合计	步骤	技师位置	操作项目	操作方法	操作标准	注意事项	时间(s)
环节五：拆卸轮胎，检查或更换制动片，举升车辆（全）290 s	2	前部底盘	排放机油	（1）准备放机油	将机油桶放在放油螺栓处下方	凭经验正确放置废机油桶	5	10								
				（2）放机油	边松放油螺栓边按住，慢慢松开放油螺栓，放机油	不要使机油引起污染、注意烫手	5									
	3	车辆左前	检查左前轮胎及左前悬挂	（1）检查轮胎气压、胎纹、胎面	（1）使用胎压表检查气压符合标准；（2）气压符合标准、胎面无扎钉、偏磨现象，胎纹测量三处深度达 1.6 mm 以上	（1）如有偏磨、啃胎则建议定位等项目，严重的，则建议更换轮胎；（2）频繁补胎、起包变形、胎壁被扎，则应建议更换；（3）行驶 5 年的轮胎，则建议更换	30	105	105	2	车辆右后	检查右前轮胎及右前悬挂	（1）检查轮胎气压，胎纹、胎面	（1）使用胎压表检查气压符合标准；（2）气压符合标准、胎面无扎钉、偏磨现象，胎纹测量三处深度达 1.6 mm 以上	（1）如有偏磨、啃胎则建议定位等项目，严重的，则建议更换轮胎；（2）频繁补胎、起包变形、胎壁被扎，则应建议更换；（3）行驶 5 年的轮胎，则建议更换	30
				（2）检查车轮转向、轮轴承、制动器是否松旷受损	上下、左右晃动轮胎，检查轮胎轴承是否松旷	左右两手动作要协调能形成一定的扭矩	5						（2）检查车轮转向、轮轴承、制动器是否松旷受损	上下、左右晃动轮胎，检查轮胎轴承是否松旷	左右两手动作要协调能形成一定的扭矩	5

续表

学习笔记

环节	A 技师								B 技师							
	步骤	技师位置	操作项目	操作方法	操作标准	注意事项	时间(s)	A 时间合计	B 时间合计	步骤	技师位置	操作项目	操作方法	操作标准	注意事项	时间(s)
环节五：拆卸轮胎，检查或更换制动片，举升车辆（全）290 s	3	车辆左前	检查左前轮胎及左前悬挂	（3）拆卸轮胎，检查轮胎内侧状况	（1）先拆左前轮，再拆左后轮，简单清洁轮毂表面； （2）用气动扳手先对角松开所有螺栓，再全部卸下，将拆下的轮胎放在轮胎架上	对于形行驶里程周期小于 30 000 km 的车辆，使用气动扳手前需要确认其旋转方向	40		105	2	车辆右后	检查右前轮胎及右前悬挂	（3）拆卸轮胎，检查轮胎内侧状况	（1）先拆右前轮，再拆右后轮简单清洁轮毂表面； （2）用气动扳手先对角松开所有螺栓，再全部卸下，将拆下的轮胎放在轮胎架上	使用气动扳手前需要确认其旋转方向	40
				（4）检查制动分泵及油管	（1）用手电筒检查制动分泵、油管连接可靠，重点检查接头； （2）用手电筒检查分泵及油管无漏油现象	必要时使用工作灯	5						（4）检查制动分泵，油管	（1）用手电筒检查制动分泵、油管连接可靠，重点检查接头； （2）用手电筒检查分泵及油管无漏油现象，重点检查接头	必要时使用工作灯	5
				（5）检查减振器	（1）用手握住减振器中部摆动减振器，检查其是否松动； （2）目检减振器是否漏油	必要时使用工作灯	5						（5）检查减振器	（1）用手握住减振器中部摆动减振器，检查其是否松动； （2）目检减振器是否漏油	必要时使用工作灯	5
				（6）紧固转向节螺栓	用扭力扳手(10 ～ 100 N·m)按规定的扭力紧固	扭力扳手的量程要符合	5						（6）紧固转向节螺栓	用扭力扳手(10 ～ 100 N·m)按规定的扭力紧固	扭力扳手的量程要符合	5

学习笔记

续表

环节	A 技师								B 技师							
	步骤	技师位置	操作项目	操作方法	操作标准	注意事项	时间(s)	A时间合计	B时间合计	步骤	技师位置	操作项目	操作方法	操作标准	注意事项	时间(s)
环节五：拆卸轮胎，检查或更换制动片，举升车辆（全）290 s	3	车辆左前	检查左前轮胎及左前悬挂	（7）清理制动盘片测量厚度	（1）清理制动碎屑；（2）使用制动片厚度测量尺检查制动片厚度，厚度需要大于 5 mm（不包括靠背厚度）	不要使用气枪吹制动片粉末	10		105	2	车辆右后	检查右前轮胎及右前悬挂	（7）清理制动盘片厚度	（1）清理制动碎屑；（2）使用制动片厚度测量尺或游标卡尺检查制动片厚度，厚度需大于 5 mm（不包括靠背厚度）	不要使用气枪吹制动片粉末	10
				（8）测量并记录制动盘片厚度	（1）目视观察制动盘的厚度；（2）直尺测量制动盘的平面度	测量制动盘的平面度时，使用手电筒，观察透光	5						（8）测量并记录制动盘片厚度	（1）目视观察制动盘的厚度；（2）直尺测量制动盘的平面度	测量制动盘的平面度时，使用手电筒，观察透光	5
	4	车辆左后	检查左后轮胎及左后悬挂	（1）检查轮胎气压，胎纹、胎面	（1）使用胎压表检查气压符合标准；（2）检查胎面有无扎钉、偏磨现象，使用轮胎深度测量尺测量三处深度达 1.6 mm 以上	（1）如有偏磨、啃胎则建议定位等项目，严重的，则建议更换轮胎；（2）频繁补胎、起包变形、胎壁被扎，则应建议更换；（3）行驶 5 年的轮胎，则建议更换	30	105	105	3	车辆右前	检查右后轮胎及右后悬挂	（1）检查轮胎气压、胎纹、胎面	（1）使用胎压表检查气压符合标准；（2）气压符合标准、胎面无扎钉、偏磨现象，胎纹测量三处深度达 1.6 mm 以上	（1）如有偏磨、啃胎现象则建议定位等项目，严重的，则建议更换轮胎；（2）频繁补胎、起包变形、胎壁被扎，则应建议更换；（3）行驶 5 年的轮胎，则建议更换	30

学习笔记

续表

环节	A 技师									B 技师						
	步骤	技师位置	操作项目	操作方法	操作标准	注意事项	时间(s)	A 时间合计	B 时间合计	步骤	技师位置	操作项目	操作方法	操作标准	注意事项	时间(s)
环节五：拆卸轮胎，检查或更换制动片，举升车辆（全）290 s	4	车辆左后	检查左后轮胎及左后悬挂	（2）检查车轮转向、轮轴承、制动器是否松旷受损	上下、左右晃动轮胎，检查轮胎轴承是否松旷	左右两手动作要协调能形成一定的扭矩	5		105	3	车辆右前	检查右后轮胎及右后悬挂	（2）检查车轮转向、轮轴承、制动器是否松旷受损	上下、左右晃动轮胎，检查轮胎轴承是否松旷	左右两手动作要协调能形成一定的扭矩	5
				（3）根据需要拆卸轮胎	（1）先拆左前轮，再拆左后轮，简单清洁轮毂表面；（2）用气动扳手先对角松开所有螺栓，再全部卸下，将拆下的轮胎放在轮胎架上	（1）对于维保行驶里程周期小于30 000 km或无更换制动盘片的车辆，可不执行此项目；（2）使用气动扳手前需要确认其旋转方向	40						（3）根据需要拆卸轮胎	（1）先拆右前轮，再拆右后轮，简单清洁轮毂表面；（2）用气动扳手先对角松开所有螺栓，再全部卸下，将拆下的轮胎放在轮胎架上	（1）对于维保行驶里程周期小于30 000 km或无更换制动盘片的车辆，可不执行此项目；（2）使用气动扳手前需要确认其旋转方向	40
				（4）检查制动分泵及油管	（1）用手电筒检查制动分泵、油管连接可靠，重点检查接头；（2）用手电筒检查分泵及油管无漏油现象	必要时使用工作灯	5						（4）检查制动分泵及油管	（1）用手电筒检查制动分泵、油管连接可靠，重点检查接头；（2）用手电筒检查分泵及油管无漏油现象	必要时使用工作灯	5
				（5）检查减振器	（1）用手握住减振器中部摆动减振器，检查其固定状态；（2）目检减振器是否漏油	必要时使用工作灯	5						（5）检查减振器	（1）用手握住减振器中部摆动减振器，检查其是否松动；（2）目检减振器是否漏油	必要时使用工作灯	5

学习笔记

续表

环节	A 技师							A 时间合计	B 时间合计	B 技师						
	步骤	技师位置	操作项目	操作方法	操作标准	注意事项	时间 (s)			步骤	技师位置	操作项目	操作方法	操作标准	注意事项	时间 (s)
环节五：拆卸轮胎，检查或更换制动片，举升车辆（全）290 s	4	车辆左后	检查左后轮胎及左后悬挂	（6）检查紧固转向节连接件螺栓	用扭力扳(10～100 N·m)按规定的扭力紧固	扭力扳手的量程要符合	5		105	3	车辆右前	检查右后轮胎及右后悬挂	（6）检查紧固转向节连接件螺栓	用扭力扳手(10～100 N·m)按规定的扭力紧固	扭力扳手的量程要符合	5
				（7）清理制动盘片测量厚度	（1）清理刹车碎屑；（2）使用制动片厚度测量尺检查刹车片厚度，厚度需大于 5 mm(不包括靠背厚度)	不要使用气枪吹制动片粉末	10						（7）清理制动盘片测量厚度	（1）清理刹车碎屑；（2）使用制动片厚度测量尺或游标卡尺检查刹车片厚度，厚度需大于 5 mm(不包括靠背厚度)	不要使用气枪吹制动片粉末	10
				（8）测量并记录制动盘片厚度	（1）目视观察制动盘的厚度；（2）直尺测量制动盘的平面度	测量制动盘的平面度时，使用手电筒，观察透光	5						（8）测量并记录制动盘片厚度	（1）目视观察制动盘的厚度；（2）直尺测量制动盘的平面度	测量制动盘的平面度时，使用手电筒，观察透光	5
	5	车辆左后	安装左后轮胎	（1）轮胎换位根据实际检查情况进行	使用多功能轮胎车将左前轮移至左后轮位置	（1）一般建议车主每 15 000 km 进行一次轮胎换位；（2）顺序不能搞错防止轮胎架磕碰车辆	15	55	110	4	车辆右前	安装右后轮胎	（1）根据实际检查情况进行轮胎换位	使用多功能轮胎车将右前轮前轮移至右后轮位置	（1）一般建议车主每 15 000 km 进行一次轮胎换位；（2）顺序不能搞错防止轮胎架磕碰车辆	15
				（2）安装轮胎	先徒手将轮胎螺栓对角安装，再用气动扳手对角旋入，不可紧死	气动扳手扭力调至 80 N·m	40						（2）安装轮胎	先徒手将轮胎螺栓对角安装，再用气动扳手对角旋入，不可拧紧	气动扳手扭力调至 80 N·m	40

学习笔记

续表

环节	A 技师								B 时间合计	B 技师						
	步骤	技师位置	操作项目	操作方法	操作标准	注意事项	时间(s)	A 时间合计		步骤	技师位置	操作项目	操作方法	操作标准	注意事项	时间(s)
环节五：拆卸轮胎，检查或更换制动片，举升车辆（全）290 s	6	车辆左前	安装左前轮胎	（1）根据实际检查情况进行轮胎换位	将轮胎架移至左前轮处，将原左后轮安装在左前轮位置	顺序不能搞错，防止轮胎架磕碰车辆	15	55	110	5	车辆右后	安装右前轮胎	（1）根据实际检查情况进行轮胎换位	将轮胎架移至右后轮处，将原右前轮安装在右后轮位置	顺序不能搞错，防止轮胎架磕碰车辆	15
				（2）安装轮胎	先徒手手将轮胎螺栓对角安装，再用气动扳手对角旋入，不可紧死	（1）如换位，需要做动平衡； （2）气动扳手扭力调至 80 N·m	40						（2）安装轮胎	先用手将轮胎螺栓对角安装，再用气动扳手对角旋入，不可紧死	（1）如换位，需做动平衡； （2）气动扳手扭力调至 80 N·m	40
环节六：拆装机滤，检查底盘（更换燃油滤清器）280s	1	后部底盘	紧固后部底盘螺栓	（1）紧固左右后部底盘螺栓	（1）按照《维修手册》规定扭矩紧固底盘螺栓； （2）检查副车架紧固螺栓和减振器固定螺栓； （3）目视副车架螺栓油漆标记是否转动，没有转动为正常；如果转动，则不正常，需更换螺栓（需向客户说明维修增项）	使用没有磨损、滑角的套筒	30	60	60	1	前部底盘	紧固前部底盘螺栓	（1）紧固左右前部底盘螺栓	（1）按照《维修手册》规定扭矩紧固底盘螺栓； （2）检查副车架紧固螺栓、叉形臂球头和减振器固定螺栓； （3）目视副车架螺栓油漆标记是否转动，没有转动为正常；如果转动，则不正常，需要更换螺栓（需要向客户说明维修增项）	（1）使用没有磨损、滑角的套筒； （2）使用扭力扳手进行操作（40～340 N·m）	30
				（2）紧固左右后悬架螺栓			30						（2）紧固左右前悬架螺栓			30

学习笔记

续表

环节	A技师									B技师						
	步骤	技师位置	操作项目	操作方法	操作标准	注意事项	时间(s)	A时间合计	B时间合计	步骤	技师位置	操作项目	操作方法	操作标准	注意事项	时间(s)
环节六：拆装机滤，检查底盘（更换燃油滤清器）280s	2	后部底盘	检查车辆后部底盘	（1）检查排气管接口	（1）通过观察排气管接口颜色是否发黑来判断是否漏气；（2）观察排气管是否有破损	注意烫手	5	60	60	2	前部底盘	检查车辆前部底盘	（1）检查排气管接口	（1）通过观察排气管接口颜色是否发黑来判断是否漏气；（2）观察排气管是否有破损	注意烫手	5
				（2）检查排气固定	用手托排气管有无异常晃动现象，观察排气管吊耳开裂；（使用手电筒）	注意烫手	5						（2）检查排气固定	在发动机运行时，通过“听”和“看”来检查排气歧管接口是否漏气.破损（使用手电筒）	注意烫手	5
				（3）检查排气隔热板	检查隔热板有无变形、破损现象	检查时不要用力太大	5						（3）检查隔热板	检查隔热板有无变形，破损现象	检查时不要用力太大	5
				（4）检查燃油管路	（1）用手电筒检查燃油管路是否有漏油（渗油）现象；（2）用手电筒检查燃油管路是否有磨损干涉现象	如有漏油，则需更换油管或接头	5						（4）检查燃油管路	（1）用手电筒检查燃油管路是否有漏油（渗油）现象；（2）用手电筒检查燃油管路是否有磨损干涉现象	如有漏油则需更换油管或接头	5
				（5）检查制动拉线、制动油管	检查制动拉线，制动油管是否变形、扭曲和有干涉现象	必要时调整	5						（5）检查制动油管	检查制动油管是否变形、扭曲和有干涉现象	必要时调整	5

学习笔记

续表

环节	A 技师								B 技师							
	步骤	技师位置	操作项目	操作方法	操作标准	注意事项	时间(s)	A 时间合计	B 时间合计	步骤	技师位置	操作项目	操作方法	操作标准	注意事项	时间(s)
环节六：拆装机滤，检查底盘（更换燃油滤清器）280s	2	后部底盘	检查车辆后部底盘	（6）检查油箱	（1）用扭力扳手复查油箱安装螺栓； （2）目检油箱有否受剐蹭	使用合适的扭力（10～100 N·m）	5		60	2	前部底盘	检查车辆后部底盘	（6）检查底盘防尘橡胶部件	目视防尘橡胶部件无老化开裂现象		5
				（7）检查后部悬挂系统	（1）悬挂系统各链接装置无异常间隙； （2）无任何磕碰痕迹	检查间隙时凭感觉	25						（7）检查下支臂、平衡杆、球头	（1）使用专用撬棒工具配合双手检查； （2）用双手抬轮胎观察下支臂、平衡杆、球头等是否有明显间隙	检查间隙时凭感觉	25
				（8）检查车轮传感器及线路	（1）检查传感器插头有无松动、破裂； （2）检查线路有无松动，固定不好及干涉现象（使用手电筒）	必要时调整	5						（8）检查车轮传感器及线路	（1）检查传感器插头有无松动、破裂； （2）检查线路有无松动，固定不好及干涉现象(使用手电筒）	必要时调整	5
	3	前部底盘	拆装机油滤清器	（1）拆下机油滤清器	（1）用机油滤清拆卸工具慢慢松开滤芯，使溢出的机油流到机油桶中，拆下滤芯； （2）等待机油排空至滴状，拆下机油滤清器	依据车型使用合适的机油滤清拆卸工具，严禁使用机滤钳紧固机滤以防止夹破机滤导致漏油	30	145	145	3	前部底盘	检查总成部件	（1）检查皮带外部状况	（1）传动带正反面应无明显的裂纹，没有杂物镶嵌其中； （2）挠度不超过 10 mm（使用手电筒）	如传动带受油液污染则清洁之	30

学习笔记

续表

环节	A 技师								B 技师							
	步骤	技师位置	操作项目	操作方法	操作标准	注意事项	时间(s)	A 时间合计	B 时间合计	步骤	技师位置	操作项目	操作方法	操作标准	注意事项	时间(s)
环节六：拆装机滤，检查底盘（更换燃油滤清器）280s	3	前部底盘	拆装机油滤清器	（2）清洁并检查滤芯底座，准备新机油滤清器	（1）用清洁布清洁滤芯底座，检查旧滤芯的密封垫是否已清理干净；（2）在新机油滤器上涂上机油，安装机油滤清器（依据不同车型，使用机油滤清拆卸工具、清洁布）	（1）在新的机油滤清器上涂抹一层机油，更换螺栓垫片；（2）依据车型使用合适的机油滤清拆卸工具	15		145	3	前部底盘	检查总成部件	（2）检查散热器外部状况	（1）散热器外部无较多杂物，无破损；（2）散热器无泄漏现象（使用手电筒）	有杂物则清理	15
				（3）根据需要紧固底座螺母	（1）按照《维修手册》规定使用扭力扳手（40～340 N·m）进行操作；（2）对发动机下护板检查是否有变形现象；（3）检查机油滤芯外壳是否有缺损现象	如果护板和机油滤清外观出现损坏，要确认发动机本体相关部件的影响程度	10						（3）检查冷凝器外部状况	（1）冷凝器外部无较多杂物，无破损；（2）冷凝器无泄漏现象（使用手电筒）	有杂物则清理	10
				（4）准备安装滤芯	将量杯中的机油灌入滤芯，并在新滤芯密封圈上涂抹适量的新机油	注意涂油	5						（4）检查变速器外部状况	（1）变速器外部无油迹和其他污物；（2）变速器支架无损坏；（3）检查变速器外观是否有磕碰、泄漏（使用手电筒）	如有油迹等则清洁之	5

续表

环节	A技师									B技师						
	步骤	技师位置	操作项目	操作方法	操作标准	注意事项	时间(s)	A时间合计	B时间合计	步骤	技师位置	操作项目	操作方法	操作标准	注意事项	时间(s)
环节六：拆装机滤，检查底盘（更换燃油滤清器）280s	3	前部底盘	拆装机油滤清器	（5）安装滤芯	（1）先用手安装滤芯；（2）用手拧紧机滤，直到滤清器密封面与滤清器支架配合面接触，再将滤芯紧至标准力矩，清洁残留油迹	注意扭力、清洁	40		145	3	前部底盘	检查总成部件	（5）检查发动机外部状况	（1）发动机外部无油迹和其他污物；（2）发动机支架无损坏（使用手电筒）	如有油迹等，则清洁之	40
				（6）根据需要检查变速器油	按要求旋开变速器油检查螺钉，检查液面和油质是否正常，安装并紧固螺钉，用漆笔作标记	旋开螺栓之前清洁其周围	10									
				（7）安装放油螺栓			35									
	4	后部底盘	更换燃油滤清器	如果需更换燃油滤清器，则更换燃油滤清器	按要求更换燃油滤清器	拆燃油滤清器时注意残余油压				4	前部底盘	安装放油螺栓	安装放油螺栓	（1）徒手拧上放油螺栓；（2）使用扭力扳（中）以标准扭力紧固放油螺栓	（1）安装前检查螺栓的螺纹；（2）扭力扳手（10～100 N·m）	45
	5	后部底盘	底盘清洁	底盘清洁	使用刷子清洁底盘，至没有明显杂物、污物	尽量不用有机溶剂	10	10	10	5	前部底盘	检查工位安全	底盘清洁	检查机滤附件油迹是否完全清除干净，是否有线束干涉（使用清洁布、手电筒）	清洁残留油迹，将机油车推回原位，到举升器控制钮处	10
	6	驾驶员侧举升器	检查工位安全	（1）向B技师做降车手势	确保工位和四周安全，向B技师做降车手势	确保安全	5	80	80	80	副驾驶员侧举升器	降车	降车	（1）看到A技师的降车手势确保安全前提下降车；（2）降车时观察车辆的平稳性	注意安全	80

学习笔记

续表

环节	A 技师								B 技师							
	步骤	技师位置	操作项目	操作方法	操作标准	注意事项	时间(s)	A 时间合计	B 时间合计	步骤	技师位置	操作项目	操作方法	操作标准	注意事项	时间(s)
环节六：拆装机油滤，检查底盘（更换燃油滤清器）280s	6	驾驶员侧举升器	检查工位安全	（2）准备机油、吸尘器等	B 技师下降车辆的同时，为 B 技师准备机油、吸尘器等	注意机油不要泼洒	75		80	80	80	副驾驶员侧举升器	停止降车	降到四轮刚与地面接触即可	注意观察降车高度，确保一次性降车到位	0
环节七：加注机油（更换空滤）300 s	1	车辆后方	检查备胎	（1）检查轮胎气压、胎纹、胎面	（1）使用胎压表检查气压符合标准；（2）气压符合标准、胎面无扎钉、偏磨现象，胎纹测量三处深度达 1.6 mm 以上；（3）检查气门嘴的密封性	（1）如有偏磨、啃胎则建议定位等项目，严重的，则建议更换轮胎；（2）频繁补胎、起包变形、胎壁被扎，则应建议更换；（3）行驶 5 年的轮胎，则建议更换	60	60	105	1	车辆前方	清洁或更换空气滤清器	清洁空滤	（1）使用一字起或十字起拆下空气滤芯，再用吸尘器清理滤清器壳；（2）用高压气体清理空气滤芯，必要时更换、用清洁布擦拭壳体后，安装新空气滤芯，将旧件密封存放	不要使用高压气枪吹空滤壳，以免二次污染	70
	2		检查油箱盖	（2）备胎归位	（1）将备胎放回后备厢中，固定好；（2）将后备厢中所有物品摆放好，关闭行李箱盖	能否打开后备厢由 SA 事先征求客户意见并记录	30	45		2		清理发动机舱	更换机油滤清器（上置式）	（1）对于机油滤清器上置式的车型，需执行此项；（2）依据不同车型，使用专用机油滤清拆卸工具进行拆装	安装时，滤芯卡座的正确位置，同时注意不要遗忘更换密封圈	35

续表

环节	A技师							A时间合计	B时间合计	B技师						
	步骤	技师位置	操作项目	操作方法	操作标准	注意事项	时间(s)			步骤	技师位置	操作项目	操作方法	操作标准	注意事项	时间(s)
环节七：加注机油（更换空滤）300 s	2	车辆后方	检查油箱盖	（3）安装尾气排放装置	（1）从挂钩上取下尾气排放接口；（2）正确地将尾排接口与排气管口对接	保护好排气管	10		105	2	车辆前方	清理发动机舱	安装发动机护罩	（1）检查发动机护罩密封胶圈、卡扣等完好；（2）将发动机护罩安装复位	不要漏装、少装胶圈、卡扣等	
				（4）检查油箱盖	（1）检查油箱内盖与外盖盖是否完好；（2）检查完毕关闭油箱内盖与外盖	不要忘记旋紧油箱内盖	5									
	3	车辆左前、左后、右后、右前	四轮螺栓扭力复检	（1）检查左前轮扭力	用扭力扳手（大）对角紧固轮胎螺栓至标准力矩(40～340 N·m)	扭力扳手在校准周期内，使用后复位归零	20	80	80	3	车辆前方	加注机油	（1）加注机油	使用漏斗按照规定用量加注机油	不要让机油污染它物	60
				（2）检查左后轮扭力	用扭力扳手（大）对角紧固轮胎螺栓至标准力矩(40～340 N·m)	扭力扳手在校准周期内，使用后复位归零	20						（2）安装发动机护罩清洁残留油迹	使用清洁布清洁残留油迹	避免二次污染	15
				（3）检查右后轮扭力	用扭力扳手（大）对角紧固轮胎螺栓至标准力矩(40～340 N·m)	扭力扳手在校准周期内，使用后复位归零	20						（3）拧紧机油加注盖	（1）检查机油盖密封圈；（2）以适当的扭力拧上机油盖	不要忘掉检查密封圈	5
				（4）检查右前轮扭力	用扭力扳手（大）对角紧固轮胎螺栓至标准力矩(40～340 N·m)	扭力扳手在校准周期内，使用后复位归零	20									

学习笔记

学习笔记

续表

环节	A 技师								B 技师							
	步骤	技师位置	操作项目	操作方法	操作标准	注意事项	时间(s)	A时间合计	B时间合计	步骤	技师位置	操作项目	操作方法	操作标准	注意事项	时间(s)
环节七：加注机油（更换空滤）300 s	4	车辆四周	检查四门及后备厢锁状态	（1）检查四门锁块	（1）检查四门锁块闭合间隙；（2）确认开关车门时门锁与铰链无异响，卡滞的现象（润滑油尖嘴壶）	开、关两前车门检查门灯、内外拉手工作是否正常	10	20	20	4	驾驶座	起动发动机检查发动机工作状态	（1）坐在驾驶席，启动车辆检查是否正常	（1）检查发动机运行状态；（2）发动机无抖动、无异响	确保安全前提下起动车辆	10
				（2）检查后备厢锁块闭合间隙	（1）检查后备厢锁块闭合间隙，必要时进行调整；（2）确认后备厢开闭时，后备厢锁及铰链声音无异常（使用润滑油尖嘴壶）	检查仔细	10						（2）关闭点火开关，拉紧驻车制动杆，下车	退出GDS2全球诊断工具后关闭点火开关	下车注意车门不要磕碰举升器	5
													（3）将尾气排放装置归位	（1）将尾气排放装置从排气管接口取下；（2）将尾排装置挂入相应的挂钩中	如没有其他车辆使用尾排则关闭开关	5
	5	车辆后部	检查后座椅和后座安全带	（1）检查可折叠靠背的锁紧功能	可折叠靠背锁紧后无明显间隙与松动现象．拉开时不卡滞	锁紧与松开都要检查	10	20	20	5	车辆前方	检查油位	（1）使用擦试纸检查油位	油位不能超过油尺刻度的上限，保持在中间刻度以上接近上刻度（使用清洁布）	机油油位不能在油尺的上限和下限之外	10
				（2）后座安全带检查	（1）轻拉则顺，急拉则止；（2）调节功能、锁扣功能正常	高度调节、拉紧、放松、扣紧都要检查	10						（2）工具归位，记录检查结果	（3）所用工具归位，将检查结果记录在保养检查表上	记录客观全面	10
													（3）到举升器控制钮处	注意站姿，面朝车辆	注意观察车辆	

续表 学习笔记

环节	A 技师								B 技师							
	步骤	技师位置	操作项目	操作方法	操作标准	注意事项	时间(s)	A 时间合计	B 时间合计	步骤	技师位置	操作项目	操作方法	操作标准	注意事项	时间(s)
环节七：加注机油（更换空滤）300 s	6	车辆前方	检查工位安全	（1）做升手势	站在车辆右后方，保证工位安全后，向B技师做升车手势	确保安全	5	80	80	6	副驾驶员侧举升器	升车	升车	看到A技师的升车手势、确认安全后升车	确保安全	80
				（2）整理工具	（1）B技师升车时，整理工具；（2）工具擦净后放入工具箱	按5S管理要求	35									
				（3）将旧件集中放置	将旧件（机油滤清器、空气滤清器等）集中放置（使用旧件袋）	如客户需带回旧件的，则需要包装好，置于指定区域	40									
环节八：安装发动机下护板，复核机油滤清器和放油螺栓(140 s)	1	车辆前方	安装发动机护板	（1）与B技师一起从副驾驶员侧安装护板	（1）护板安插到位，止口对齐；（2）螺栓扭力符合标准（使用扭力扳手）	不漏装螺栓	60	60	60	1	车辆前方	复检机油滤芯	（1）检查放油螺栓和机油滤芯	（1）检查是否有漏油现象；（2）使用扭力扳手（10～100 N·m）进行扭力复检	确保放油螺栓与机油滤芯不漏油	5
				（2）完成后到举升器控制钮处	面朝车辆方向，关注车辆状态	如发现车辆不平稳则立即停止				2		安装发动机护板	（2）与A技师一起从司机侧安装护板	（1）护板安插到位，止口对齐；（2）螺栓扭力符合标准	不漏装螺栓	55

学习笔记

续表

环节	A技师								B技师							
	步骤	技师位置	操作项目	操作方法	操作标准	注意事项	时间(s)	A时间合计	B时间合计	步骤	技师位置	操作项目	操作方法	操作标准	注意事项	时间(s)
环节八：安装发动机下护板，复核机油滤清器和放油螺栓(140 s)	2	车辆前方	检查工位安全	（1）向B技师做降车手势	确保工位和四周安全，向B技师做降车手势	手势标准，语音配合	80	80	80	3	副司机举升器	降车	（1）下降车辆	（1）看到A技师降车手势、确认安全后下降车辆； （2）降车过程中关注车辆平稳	确保安全	80
				（2）记录检查结果	（1）B技师下降车辆的同时，将检查结果记录在保养检查表上； （2）将驾驶员侧举升器胶垫复位	记录完整、无误							（2）停止降车	（1）边降车边观察车辆平稳状态与高度； （2）降到拆卸轮胎的高度停止降车	高度合适	
环节九：自检、填写工单(130 s)	1	工位内	完成检查表	（1）所用工具归位，填写检查表	（1）使用GDS诊断仪再次确认系统是否无故障记录； （2）工具归位； （3）将所有检查结果和车辆改装内容记录在保养检查表上，并签字	不要遗漏填写	70	130	130	1	工位内	增值服务	润滑车门铰链，清洁烟灰盒等	使用润滑油尖嘴壶润滑两前车门和后备厢门锁和铰链，并开闭两次车门、后备厢	润滑油（脂）点到为止，并非多多益上	60

学习笔记

续表

环节	A技师								B技师							
	步骤	技师位置	操作项目	操作方法	操作标准	注意事项	时间(s)	A时间合计	B时间合计	步骤	技师位置	操作项目	操作方法	操作标准	注意事项	时间(s)
环节九：自检、填写工单(130 s)	2	工位内	互检签字	（2）确认操作项目中所有需要自检的关键项目，在任务委托书上签字	（1）检查确认工单上的所有项目已全部完成； （2）在委托书规定的位置签字，字迹要清晰，可追溯	确认所有操作过的部件安装到位，扭力合格； 确认各操作过的部件不存在与其他部件的干涉	15		130	2	工位内	完成检查表	所用工具和尾排归位，填写检查表	（1）所用工具和尾气排放装置归位； （2）将所有检查结果记录在保养检查表上，并签字	不要遗漏填写	25
				（3）施工收尾检验	检验合格后，关闭发动机盖，收回翼子板护布	不要遗漏物件于车上	10			3		整理工位	整理清洁工具	整理清洁工具，设备并归位	收回全部的工具和清洁用具	10
	3		送交检验	（1）洗车，准备交车	进入驾驶位置，起动发动机，关闭处左前以外的车窗	左前车窗关闭一半	20						整理旧件	整理旧件，使用旧件袋将旧件摆放在指定区域	如有客户带回的旧件需包装好	20
				（2）送交SA	（1）将车辆交付SA； （2）口头简单描述车辆检查及保养情况	交接完整	15						整理现场	按5S标准要求整理现场场地，准备开始下个工作	现场工作结束后，要复原到原始工作状态	15

学习笔记

参考文献

[1] 上海景格科技股份有限公司. 汽车维护 [M] . 上海：华东师范大学出版社，2018.

[2] 蔺宏良 . 汽车维护技术 [M] . 北京：人民交通出版社，2016.

[3] 魏领军，谢成嗣 . 汽车维护与保养 [M]. 上海：上海交通大学出版社，2017.

[4] 庞小兰，谢娟烘 . 轿车维护与检修 [M] . 北京：清华大学出版社，2017.

[5] 周志红，郭晓辉，庞敬礼 . 汽车维护与保养 [M] . 长春：吉林大学出版社，2016.